Hauptkirche St. Katharinen Hamburg

Wiederaufbau nach der Zerstörung 1943

Zum Inhalt:

Im Zweiten Weltkrieg wurde die Hansestadt Hamburg durch schwere Luftangriffe heimgesucht. In dem grauenvollen Inferno der Julitage 1943 verwandelte sich das Bild unserer Stadt. Etwa 42.000 Menschen büßten ihr Leben ein, zusammen mit den Opfern der übrigen Luftangriffe rund 55.000 Zivilpersonen, weitere 50.000 wurden verwundet. Über 900.000 hatten ihre gesamte Habe verloren.

Im September 1943 wurde das größte zusammenhängende Trümmergebiet – insgesamt sechseinhalb Quadratkilometer südlich der Hammer Landstraße – gesperrt und mit einer Mauer aus Trümmersteinen eingemauert. Auch die Hafen- und Industrieanlagen wurden schwer getroffen. Von den über 550.000 Wohnungen der Vorkriegszeit verblieben noch 260.000, aber zu 30 v.H. beschädigt, wenn auch bewohnbar. Von den Industrie- und Gewerbebauten wurden 25 v.H. zerstört. Nach jedem Luftangriff begannen Geschädigte und Anwohner immer von Neuem mit Aufräumungs-, Bergungs- und Instandsetzungsarbeiten. Das „Aufräumungsamt", zuständig für Räumungsarbeiten auf öffentlichem Grund, setzte fast ausschließlich Regiearbeiter, Gefangene und politisch Verfolgte ein.

Der gesamte Umfang der Zerstörungen an den Haupt- und weiteren Kirchen konnte erst nach Ende des Krieges genauer festgestellt werden.

Der Gesamtverlust der Evangelisch-lutherischen Kirche im Hamburgischen Staate an gottesdienstlichen Stätten betrug allein 22 total vernichtete oder über 80 v.H. zerstörte und 6 schwer beschädigte. Auch die katholische Kirche, die Freikirchen und verschiedene Sekten blieben nicht verschont.

Dieser Bericht, nach Aufzeichnungen des damaligen Bauleiters Heinrich Steinfath, schildert den Wiederaufbau der St. Katharinenkirche.

Hauptkirche St. Katharinen Hamburg

Wiederaufbau nach der Zerstörung 1943

nach handschriftlichen Aufzeichnungen

seines Vaters Heinrich Steinfath

von

Heiner Steinfath

Beitrag zu

‚Hopp und Jäger -
Kirchenbauten von einem Hamburger Architekturbüro
(1930 bis 1962/80)
Ein Projekt zur Dokumentation'
[www.huj-projekt.de]

Beitrag zum Hopp-und-Jäger-Projekt Band 8

Bibliographische Informationen der Deutschen Nationalbibliothek
Die Deutsche Nationalbibliothek verzeichnet diese Publikation
in der Deutschen Nationalbibliografie; detaillierte bibliografische
Daten sind im Internet über http://dnb.dnb.de abrufbar

Herstellung und Verlag
BoD – Books on Demand, Norderstedt

ISBN: 978-3-746000305

Inhaltsverzeichnis

1 Vorwort

Mein Vater, der Architekt Heinrich Steinfath und Bauleiter beim Wiederaufbau der Kirche St. Katharinen in Hamburg wollte eigentlich selbst ein solches Buch ähnlich dem vorliegenden zum Druck bringen. Nachdem er 1986 sein Hummelsbüttel-Buch publiziert hatte,[1] wurde von ihm in den folgenden Jahren eine handschriftliche Textvorlage dafür begonnen. Auch die Bildmaterialien hatte er bereits zusammengetragen und die Erlaubnis zu deren Reproduktionen schon eingeholt, war dann jedoch zu Beginn der 1990-er Jahre (als inzwischen 80-Jähriger) wohl nicht mehr dazu gekommen, dieses Vorhaben ganz zum Abschluss zu bringen.

So hat es nach seinem Tod 1997 unvollendet in seinem Nachlass bis 2017 gelegen. Im Rahmen der Recherchen zum Hopp-und-Jäger-Projekt (H&J-Projekt) sind Uwe Gleßmer und Emmerich Jäger mit mir zusammengekommen, nachdem meine ehemalige Kollegin in der Bauabteilung des Kirchenkreises Hamburg-Ost, Architektin Sibylle Rehder, ihnen einen entsprechenden Hinweis gegeben hatte. In den Gesprächen stellte sich heraus, dass mein Vater mit seiner ausgeprägten Sammlerleidenschaft zahlreiche Dokumente u.a. über das Architekturbüro aufbewahrt hatte, die für das H&J-Projekt eine Bereicherung darstellen und die ich dafür auch schon digitalisiert zur Verfügung stellen konnte.[2]

Da die Sichtung des Nachlasses zeigte, dass die Ausarbeitung zu St. Katharinen bereits sehr weit gediehen war,[3] so wie sie Heinrich Steinfath hinterlassen hatte, entstand der Wunsch, diesen Quellentext als Beitrag zum H&J-Projekt zugänglich zu machen. Denn Heinrich Steinfath war als erster und langjähriger H&J-Mitarbeiter (1937-1959) tätig sowie dann ab 1959 als wichtiger Ansprechpartner in den kirchlichen Dienst ins damalige Landeskirchenamt gewechselt. Als Leiter des Bautrupps hatte er ganz besondere Kenntnis zahlreicher sonst nicht zugänglicher Details. Gerade für die Hamburger Hauptkirchen und ihre aufwändige Restaurierung der Gewölbe wird sehr anschaulich, welches Maß an ‚Know How‘ über Bautechniken vergangener Jahrhunderte die am Wiederaufbau Beteiligten sich neu aneignen mussten, – und was alles vom Bauleiter gewissenhaft koordiniert werden musste.

Eine originale Wiedergabe des Textes, wie er bei seinem Tod 1997 hinterlassen war, bietet einige Probleme: so wäre es unangemessen, die alte Rechtschreibung zu reproduzieren sowie manche kleinere Unstimmigkeiten im Satzbau. Auch eine ganz transparente Dokumentation seiner jeweiligen Quellen ist der Vorlage nicht zu entnehmen. Als Kompromiss habe ich nach der neuen Rechtschreibung vereinheitlicht und Unstimmigkeiten ggf. versucht auszugleichen. Neu hinzugekommen ist ein Register mit Namen und einige wenige verweisende Fußnoten sowie der Anhang mit Zeichnung aus dem H&J-Architekturbüro, Beispielkopien der hand-

---

[1] Steinfath (1986)

[2] Siehe z.B. Gleßmer / Jäger (2017) S. 15 Anm. 21.

[3] Siehe unten im Anhang einige Kopien mit beispielhaften Seiten aus seiner handschriftlichen Publikationsvorbereitung.

schriftlichen Version und verschiedenen Dokumente zu den Feierlichkeiten im Zusammenhang der Wiederherstellung von St. Katharinen.

Die seinerzeit von meinem Vater verwendeten Quellen habe ich aus seinen Aufzeichnungen sowie einigen offensichtlich verwendeten Materialien ergänzt sowie auch die in seiner Zusammenstellung verfügbaren Bilder digitalisiert, bearbeitet und an angemessenen Stellen eingefügt. So ist aus Herausgabe und vorsichtiger Überarbeitung geradezu eine posthume Zusammenarbeit entstanden.

Dipl.-Ing. Heiner Steinfath, August 2017

Quellen und Literatur

Bernhard Hopp, Berichte und chronologische Aufstellungen

Kirchengemeinde St.Katharinen, baugeschichtliche Angaben Kirchenkalender

Julius Faulwasser, Die Katharinen-Kirche

Renata Klée Gobert/Peter Wiek, Die Hauptkirchen Hamburg 1968

Siegfried Schmeißer, Die Wiederherstellung der Kreuzgewölbe

Architekten Bernhard Hopp, Dipl. Ing. Rudolf Jäger, sowie Aufzeichnungen des Verfassers Heinrich Steinfath.

Archiv und Fotosammlung Steinfath

2 Baugeschichtliche Daten

In Einzelfällen weichen die baugeschichtlichen Jahreszahlen in den genannten Quellen voneinander ab, wie sich durch Baubefunde an der Ruine nach 1945 herausstellte. Weitere Korrekturen durch spätere Befunde oder Erkenntnisse sind nicht auszuschließen.

Die Gründung der Katharinenkirche erfolgte nach übereinstimmenden Forschungs-ergebnissen im mittleren 13. Jahrhundert.

Danach sind Nachrichten über die Kirche nur spärlich.

1350 wird erstmalig der Turm der Kirche erwähnt. Über Lage, Gestehung und Gestaltung dieser Kirche gibt es bisher unterschiedliche Angaben.

Das gilt auch für den Baubeginn des heutigen Kirchenschiffes. Schriftlich bezeugt ist die Bautätigkeit seit dem späten 14. Jahrhundert und in der ersten Hälfte des 15. Jahrhunderts. Am 15. November 1426 wurde die Kirche eingeweiht.

Die bisherige Annahme, dass am 22. Februar 1433 der Grundstein für die Kirche gelegt wurde, kann nach dem Baubefund an der Kirchenruine wahrscheinlich nicht aufrechterhalten werden.

Nach 1433 erfolgte die Aufmauerung des Turmes, der zunächst nur bis zur Firsthöhe ausgeführt wurde.

1450 kann als das Jahr der Vollendung dieser Kirche angenommen werden. Die Kirche war bereits im Mittelalter von verschiedenen Anbauten umgeben. Die Seitenschiffe hatten eigene Satteldächer, wodurch sich das Äußere der Kirche wesentlich vom heutigen Bauzustand unterschied.

Über dem Mittelschiff befand sich ein Dachreiter. Bis in die Mitte des 16. Jhs. sind keine wesentlichen Baunachrichten überliefert.

1566-1568 wurde der Turmgiebel nach einer Pestzeit durch die Bildhauer Wenzel und Marcus Spranger mit einem „Steinwerk" verziert, das in vier Geschoss-gliederungen aufgeteilt und mit reichlich figürlichem Schmuck versehen war. Der Maler Daniel Frese hatte diese Fassade in lebhaften Tönen bemalt und mit reicher Vergoldung versehen.

1596-97 wurde der Turm um zwei Geschosse erhöht und

1603 über einem achteckigen Glockengeschoss ein kupfergedeckter spitzer Turmhelm errichtet, um den eine vergoldete Krone gelegt wurde.

1625 entstanden schwere Schäden an der Kirche durch eine Sturmflut. Der Fußboden wurde danach höhergelegt.

Am 15. Februar 1648 wurde der Turmhelm durch Blitzschlag und Sturm zerstört.

(Jänisch, Sante Katryn S. 50)

Durch den Einsturz des Turmhelmes entstanden Beschädigungen an Dächern und Gewölben. Das achtkantige Uhrgeschoss des Turmes wurde von Joachim und Caspar Brandenburg wiedererrichtet, die Zimmererarbeiten von Johann Behn und Peter Moller. In Zusammenhang mit den Instandsetzungsarbeiten erfolgten der

Abbruch der Seitenschiffgiebel an der Südseite und die Herabziehung des Mittelschiffdaches über das südliche Seitenschiff. Damit erhielt die Kirche ein mächtiges, alle drei Schiffe überspannendes Dach. Die bisherigen Obergadenfenster des Mittelschiffes wurden geschlossen, so dass der Eindruck einer Halle entstand.

1657- 59 errichtete der Baumeister Peter Marquardt aus Plauen/Vogtland den Turmhelm, der bis 1943 gestanden hat. Der Turm war mit Kupfer gedeckt. Am 26. April 1658 wurde die von Hermann Rentzel vergoldete Krone um die Turmspitze gelegt.

Die durch den letzten Krieg (1939-1945) gerettete barocke Stützfassade wurde 1732-37 von Joh. Nikolaus Kuhn gegen den gotischen Turm und unter den Renaissancehelm gesetzt, um einer Senkung des Turmes nach Westen zu begegnen. Dabei musste das Wenzel-Sprangersche Steinwerk abgetragen werden.

Bereits zu Beginn des 18. Jhs. hatte sich das Turmmauerwerk gesenkt und erhebliche Schäden an der Sandsteinfassade verursacht. Der Neubau der Fassade erfolgte in Backstein unter reicher Verwendung von Sandstein für Portal, Fenster und Gesimse.

Seit Mitte des 18. Jhs. wurde eine zunehmende Neigung des Turmhelmes nach SW festgestellt.

1769f Gutachten, Reparaturen und Geraderichten des Turmes durch Architekt E.G. Sonnin und Zimmermeister J.C. Piltz.

1773 wurde der abgängige Ostgiebel des Mittelschiffes neu aufgemauert, der dann mit der kupfernen, vergoldeten Wetterfahne in Gestalt der hl. Katharina versehen wurde.

Ein Jahr später wurden die Giebel des nördlichen Seitenschiffes und die Querdächer beseitigt. Seitdem sind alle drei Schiffe unter einem einheitlichen Satteldach.

Von Dezember 1813 bis Mai 1814 wurde die Kirche auf Befehl der damaligen französischen Regierung als Pferdestall genutzt, wobei vor allem die Ausstattung erheblichen Schaden erlitt.

1852-1857 größere Renovierungen, neue Fenster im Chor mit neugotischem Sandsteinmaßwerk, desgleichen an der Nordseite 1865.

1928-30 gaben Gewölberisse Anlass zu einer umfassenden statischen Untersuchung des gesamten Kirchengebäudes. Prof. G. Rüth stellte 1931 erhebliche Ausweichungen der Außenmauern nach O, S und W, der Pfeiler nach innen und der Hochschiffwände nach außen fest.

1932/33 unter der örtlichen Bauleitung von J. Faulwasser wurden Strebepfeiler am Obergaden und Druckaussteifungen über den Gurtbogen des Mittelschiffes angebracht.

3 St.Katharinen vor der Zerstörung 1943

Fotos: v.Seggern

Fotos: v.Seggern ob.rechts und unten   Orgel: Breuer

Fotos: Hamann

Museum für Hamburgische Geschichte, Foto Fleck 1939

4   Zerstörung im Juli 1943

Im Zweiten Weltkrieg wurde die Hansestadt Hamburg durch schwere Luftangriffe heimgesucht. In dem grauenvollen Inferno der Julitage 1943 verwandelte sich das Bild unserer Stadt. Etwa 42.000 Menschen büßten ihr Leben ein, zusammen mit den Opfern der übrigen Luftangriffe rund 55.000 Zivilpersonen, weitere 50.000 wurden verwundet. Über 900.000 hatten ihre gesamte Habe verloren.

Im September 1943 wurde das größte zusammenhängende Trümmergebiet – insgesamt sechseinhalb Quadratkilometer südlich der Hammer Landstraße – gesperrt und mit einer Mauer aus Trümmersteinen eingemauert. Auch die Hafen- und Industrieanlagen wurden schwer getroffen. Von den über 550.000 Wohnungen der Vorkriegszeit verblieben noch 260.000, aber zu 30 v.H. beschädigt, wenn auch bewohnbar. Von den Industrie- und Gewerbebauten wurden 25 v.H. zerstört. Nach jedem Luftangriff begannen Geschädigte und Anwohner immer von neuem mit Aufräumungs-, Bergungs- und Instandsetzungsarbeiten. Das „Aufräumungsamt", zuständig für Räumungsarbeiten auf öffentlichem Grund, setzte fast ausschließlich Regiearbeiter, Gefangene und politisch Verfolgte ein.

Der gesamte Umfang der Zerstörungen an den Haupt- und weiteren Kirchen konnte erst nach Ende des Krieges genauer festgestellt werden.

Der Gesamtverlust der Evangelisch-lutherischen Kirche im Hamburgischen Staate an gottesdienstlichen Stätten betrug allein 22 total vernichtete oder über 80 v.H. zerstörte und sechs schwer beschädigte. Auch die katholische Kirche, die Freikirchen und verschiedene Sekten blieben nicht verschont.

Aufzeichnungen von Architekt Bernhard Hopp nach dem Stande von 1946, ergänzt durch Anmerkungen des Verfassers, geben einen Überblick:

„Die Michaeliskirche, kirchlicher Mittelpunkt der Neustadt, in der heutigen Form ein Wiederaufbau aus dem Jahre 1906, an Stelle der durch einen Brand zerstörten Kirche von Sonnin und Prey aus den Jahren 1750 – 1786. Durch die Sprengbombenvolltreffer und einer großen Zahl rings um die Kirche gefallener Sprengbomben wurde die Kirche schwer beschädigt. Von der Gewölbedecke über dem Hauptschiff fehlt fast die Hälfte, die übrigen Deckenteile sind stark in Mitleidenschaft gezogen. Durch Splitterwirkung sind die Außenmauern verunstaltet. Der Turm ist in seiner Gesamterscheinung erhalten geblieben, doch sind durch Luftdruck größere Flächen der Kupferverkleidung losgerissen. Rekonstruktion und Renovierung durch Architekt Gerhard Langmaack."

„Auch der Turm von St. Nikolai macht einen völlig erhaltenen Eindruck, doch der hölzerne Innenausbau mit Treppen und Böden ist ausgebrannt. Der übrige Bau ist durch Brand und zahlreiche Bombenangriffe sehr stark in Mitleidenschaft gezogen.

Der neugotische Bau von Gilbert Scott, 1846-1867 erbaut, gilt in seiner englischen Gotik als ein in Hamburg fremder Bau. Der Brand hat den Sandstein stark beeinträchtigt, durch Sprengwirkung ist das reiche Profilwerk stark beschädigt.

In enger Nachbarschaft zur Nikolaikirche stand St. Katharinen, jene Kirche, die den Geist des Mittelalters am reinsten bewahrt hatte. Der schöne Turm von Peter Marquardt aus dem Jahre 1656 ist zerstört. Die Turmfassade von Johann Nicolaus Kuhn (1734-1737) ist jedoch erhalten. Der Turm und das Schiff brannten völlig aus."

Hierzu einige Ergänzungen.

Mit Ausnahme von 2 Epitaphien, die während des Krieges mit einer Steinmauer geschützt und wieder restauriert werden konnten, fielen fast alle Kunstschätze dem Brand zum Opfer. Die eingemauerte Kanzel wurde erst nach dem Kriege nach ihrer Freilegung von einem Einbrecher mit Brachialgewalt zerstört.

Die Gewölbe waren bis auf drei eingestürzt, diese mussten aber wegen starker Schäden durch Witterungseinflüsse zum Einsturz gebracht werden.

Von den Südanbauten konnte nur der Barockanbau wiederhergestellt werden.

„Die St. Jacobikirche, ein gotischer Hallenbau wie St.Katharinen, ist nicht so rasch in wenigen Stunden zerstört worden wie St.Katharinen, sondern erst nach mehreren Angriffen und in größeren Abständen (Die Zerstörung der Kirche erfolgte zunächst durch einen Brand, der den Turmhelm und das Dach erfasste).

In späteren Angriffen erhielt die Kirche schwere Bombentreffer, wodurch die Nordostseite des Baues die Umfassungsmauern in Jochbreite aufgerissen wurden, im Übrigen haben die Umfassungsmauern standgehalten. Die Wände im Inneren der Kirche erlitten zum Teil erhebliche Beschädigungen. Die Gewölbe sind eingestürzt, die Fensterwerke an der Nordseite zerstört."

Hierzu einige Ergänzungen:

Die Kirche wurde am 18. Juni 1944 von zwei Luftminen getroffen. Der 1827 von Fersenfeld geschaffene Turm, der „Bleistift", wie der Turm spöttisch genannt wurde, geriet in Brand, in der Holzkonstruktion fand das Feuer reiche Nahrung. Schließlich stürzte er vom Turmsockel.

Über die Bauschäden an der St. Petri Kirche (ein Bau von Chateauneuf), schrieb Bernhard Hopp, dass die Voraussetzung für eine Wiederherstellung vorläge.

Ergänzung: am 10. Mai 1941 wurde der Chor der Kirche durch Sprengbomben getroffen, die Gewölbe stürzten ein. Der Dachstuhl und die Schieferdeckung des Hauptdaches erlitten Schäden. In den weiteren Kriegsjahren war die Kirche von weiterer Zerstörung betroffen, u. a. wurden die Farbverglasungen des Kirchenschiffes zerstört.

Nachdem der Chorraum durch eine provisorisch bemalte Trennwand aus Holz abgeschlossen und die Fenster eine Notverglasung erhalten hatten, konnte der Gottesdienst wieder aufgenommen werden.

„Besonders schmerzhaft ist der Verlust der Heiligen-Dreieinigkeit-Kirche in St. Georg, die von Johann Leonhard Frey erbaut und 1747 eingeweiht worden ist. Von der Kirche stehen nur noch die Reste der Umfassungsmauern, alles andere ist zerstört. Beim fraglichen Wiederaufbau bedarf es von Seiten des Gestalters einer ungewöhnlichen Einfühlung auch in die Formenwelt des Barock.

Die sogenannte kleine Michaeliskirche ist sehr zerstört, so dass der Wiederaufbau einem Neubau gleichkäme, wenngleich sie weniger Anforderungen stellt als die Kirche St. Georg.

Die englische Kirche am Zeughausmarkt (1938) wurde schwer beschädigt.

Die katholische St. Josephskirche erlitt schwere Zerstörungen.

In Altona wurde die Hauptkirche St. Trinitatis (1742-44) vernichtet und die Christianskirche (1735-38) in Ottensen schwer beschädigt."

Aber es gab auch schon tatkräftige Ansätze zur Behebung der gröbsten Schäden an historischen Bauten und Kirchen. Im Jahre 1950 schrieb Hugo Sieker:

> „Als an vier Maientagen des Jahres 1842 das stolze Hamburg einer Brandkatastrophe von unbekannten Ausmaßen zum Opfer fiel, fanden sich einige der besten Künstler der Stadt zu einem „fliegenden Trupp" zusammen, der wertvolle Kunstwerke aus den bedrohten oder den schon brennenden Kirchen rettete."

Als 100 Jahre später schwerste Bombenangriffe auf Hamburg niedergingen und immer noch neue Angriffe zu erwarten waren, stand wieder einer aus dem Geschlecht der Speckter und Gensler auf und gründete einen „Bergungstrupp", der sich zum Teil um dieselben Kunstwerke mühte, welche jener mutige Künstlertrupp (vorwiegend aus Künstlern u. Halbjuden zusammengesetzt) damals [1943] vor dem großen Feuer gerettet hatte.

Diesmal war es ein Architekt, der mit einer im totalitären Staat ganz ungewohnten Initiative vorging und mit wenigen Helfern Kunstwerke und Teile von historischen Bauten an sicheren Plätzen barg. Sein Name war Bernhard Hopp. Nicht nur auf die Bergung der als ‚wertvoll' abgestempelten Dinge war er bedacht, sondern er kümmerte sich um alles, was zwischen Hamm und Harburg, zwischen den Vierlanden und Othmarschen für Hamburgs alte Kultur charakteristisch war. Wo sich Originale nicht mehr bergen ließen, sorgte er für die zuverlässige zeichnerische und fotografische Bestandsaufnahme. Wo schon zu viel zerstört war, ließ er in den Trümmern noch Messungen vornehmen und so genaue Reproduktionen für einen späteren Wiederaufbau anfertigen.

Um diese selbst gestellte Aufgabe erfüllen zu können, stand ihm das - mit seinem Freund Rudolf Jäger gemeinsam geführte Architekturbüro im Streitshof zur Verfügung. Dort wurde archiviert, von dort wurden Messungen durchgeführt. Die ersten Aufmaßzeichnungen der Ruine der Katharinenkirche, soweit dies ohne Gerüst möglich war, wurden von einem kriegsgefangenen französischen Architekten erstellt. Nach dem Kriege wurden die Aufmaßpläne von dem Verfasser durch genauere Messungen ergänzt und Wiederaufbaupläne gezeichnet, die dann 1968 für eine kulturhistorische Veröffentlichung zur Verfügung standen.

5 Trümmerbeseitigung und erste Wiederaufbaumaßnahmen

Trümmer beherrschten etwa zehn Jahre lang das Bild und das Leben in unserer Stadt. Trümmer mussten nach jedem Bombenangriff wieder beiseite geschafft werden, Trümmersteine wurden für die Instandsetzung beschädigter Häuser benötigt. Nach der Kapitulation verfügte die Militärregierung sofort nach dem Einmarsch die Wiederherstellung der öffentlichen Beleuchtung, die Räumung wichtiger Plätze und Straßen von Schutt. Im Oktober 1945 wurde die Instandsetzungsaktion für Wohnungsbau eingeleitet mit dem Ziel, möglichst vielen Menschen ein wetterfestes Obdach zu geben. Allmählich kamen die Grundstücksräumungen in Gang, ebenfalls die Bergung wichtiger Baustoffe, wie Ziegelsteine, Baueisen, Fenster und Türen, auch Heizkessel und Heizkörper. Räumungsfirmen führten diese Arbeiten durch. Die Räumung erfolgte nach einem Dringlichkeitsplan, aber die Aufräumungsarbeit hatte ständig unter Benzinmangel und Mangel an Arbeitskräften zu leiden.

Aber, wohin mit dem Schutt? Die Aufräumung begann in der Innenstadt. Der Schutt wurde in die Binnenalster geschüttet zur Verbreiterung des damaligen Alsterdamms, eine Maßnahme, die vielen Hamburgern ein Dorn im Auge war, wie auch die Umbenennung der Straße in Ballindamm.

Einige Fleete wurden zugeschüttet. Die Straßenbahn wurde zum Transport eingesetzt – auch an der Jacobikirche. Endlose Lorenzüge schafften Schutt zur Auffüllung der Wallanlagen am Holstenwall. Trümmerschutt wurde in großem Umfang für Ufer- und Strombauten und Aufhöhungen im Stromgebiet der Elbe verwendet. Der größte Teil war als Baustoff zu verwenden, für den Straßenbau oder zu Split vermahlen und mit Zement vermischt zu Hohlblocksteinen für die Instandsetzung beschädigter Häuser.

Im Juli 1946 folgten viele Hamburger dem Aufruf des Stadtparlaments und beteiligten sich an der Bergung von Ziegelsteinen. Die Steine wurden abgeklopft und gestapelt, in einem halben Jahr 7,5 Millionen Stück. Die große Anzahl verwendbarer Mauersteine machte es zu der Zeit noch nicht nötig, neue Bausteine zu produzieren. Der Ertrag der Steinebergung hätte noch erhöht werden können, wenn genügend Fließbänder und Arbeitskräfte zur Verfügung gestanden hätten.

Große Steinbrecheranlagen wurden angelegt, jedoch wurde immer wieder über Schwierigkeiten bei der Treibstoffversorgung geklagt. Trümmerschutt wurde auf geeigneten Flächen gelagert, um später bei der Herstellung neuer Bauelemente Verwendung zu finden.

Hier sei angemerkt, dass zum Beispiel das Steinstraßenschiff der Jacobikirche, beim provisorischen Ausbau zur Notkirche, mit einer flachen Steinplattendecke aus Ziegelsplitt zwischen Stahlträgern – aus dem Trümmergelände geborgen – abgedeckt wurde (keine Betondecke wie fälschlich angenommen). Eine Studiengesellschaft für Trümmerverwertung wurde gegründet. Bald konnten die ersten Häuser mit neuen Materialien errichtet werden, immer unter der Voraussetzung, dass genügend Zement und die anderen Baumaterialien zugeteilt wurden. Aber nicht nur die Bauten, auch die Instandsetzung der Wasserleitungen, des Sielnetzes, des Kabelnetzes, der Bau von Straßen, Wasserbauten usw. waren vordringlich. Aus diesem Grunde konnte in den ersten Jahren nach Kriegsende an einen Wiederaufbau der Kirchen nicht gedacht werden. Schon nach den ersten Schäden wurden Räumungsarbeiten und Sicherungsmaßnahmen gegen Witterungseinflüsse und Einsturzgefahren verbliebener Baureste in Angriff genommen. Der Architekt Professor D. Otto Bartning, Hamburger Kaufmannssohn, schuf nach dem Krieg 47 Notkirchen, zusammengesetzt nach dem Baukastensystem und je nach örtlichen Möglichkeiten ausgestaltet: in Hamburg St. Markus Hoheluft, St. Martinus Eppendorf und die Adventskirche Schnelsen.

Viele Hürden mussten genommen werden, bis überhaupt von der Wiederauferstehung von St. Katharinen die Rede war. In einem kleinen Büroraum in der Gröningerstraße begann die Gemeinde nach 1945 wieder, ihre Gottesdienste zu halten. Dann wurde eine Baracke in die Kirchenruine gestellt, ein Geschenk von schwedischen kirchlichen Kreisen. Aber die Baracke konnte zwischen den hochtragenden Mauern der Kirchenruine auf die Dauer nicht gehalten werden. Mit der Zeit war die Einsturzgefahr der Ruine zu groß geworden, während des Gottesdienstes prasselten bereits Steinbrocken auf das Dach.

Die Hamburgische Kirche musste für die Neubauten und die Beseitigung der Kriegsschäden selbst aufkommen - bis auf zwei bedeutende Ausnahmen: die hohen Türme von St. Jacobi und St. Katharinen wurden als wesentliche Bestandteile der Stadtsilhouette aus Staatsmitteln errichtet. Die Kirchengemeinde St. Katharinen entschloss sich aufs Ganze zu gehen, Katharinen sollte nicht das gleiche Schicksal wie der Dom vor 100 Jahren erleiden. Tatkräftig setzte sich der Kirchenvorstand für den Wiederaufbau ein.

Fotos: Kommando der Schutzpolizei

Fotos: Thea Warncke

Fotos: Thea Warncke

Foto: Thea Warncke

Foto: Thea Warncke

23

Foto: Thea Warncke

6   Daten des Wiederaufbaus

Nach der Bauleitungsakte des Verfassers.

1943 - 1945	Aufräumungsarbeiten, zeichnerische und photographische Bestandaufnahmen
1948	Aufstellung einer ehemaligen RAD-Baracke (RAD = Reichsarbeitsdienst) im Mittelschiff der Kirche für kirchendienstliche Zwecke.
1950	Aufstellung einer Bauplanke um die gesamte Ruine und Vermietung der Flächen für Werbezwecke.
09.08.1950	Bauantrag gestellt für den Wiederaufbau des Kirchenschiffes
06.09.1950	Auftrag erteilt für Instandsetzung der Mauerkronen und Herstellung eines Stahlbetonringankers in Höhe der Mauerkronen. Errichtung des Hauptdaches in Holzkonstruktion mit Pfanneneindeckung, Fensterverschalung. Abbau der Baracke.
04.08.1951	Richtfest nach Aufstellung des Mittelschiff-Dachstuhls.
1952/53	Bohrpfahlgründung und Stahlbetonkonstruktion für die neue Orgelempore, Stahlbetondecke in der Turmhalle. Einbau von Leitergängen. Errichtung eines Notdaches über dem Turmmassiv.
1952/53	1. Bauabschnitt des Verwaltungsgebäudes an der Südseite
12.01.1953	Richtfeier Südanbau
1954/55	2. Bauabschnitt des Verwaltungsgebäudes. Einbau von zwei Renaissanceportalen.
1953	Bau des Heizungskellers, der Gänge und Kanäle im Ostteil der Kirche.
1953-1955	Einwölbung des gesamten Kirchenschiffes mit Kreuzrippengewölben in der mittelalterlichen Wölbetechnik. Beginn mit der Wiederherstellung der Fenster, Ausbauarbeiten, Fußboden, Verglasung.
Aug. 1955	Wiederaufbau des Turmhelms in der historischen Form, jedoch in Stahlkonstruktion und Holzverschalung mit Kupferblecheindeckung.
11.07.1956	Richtfeier des Turmes
04.11.1956	Wiedereinweihung der Kirche
22.12.1957	Weihe des Turmes und der Glocken.

7   Der Wiederaufbau

Als die Finanzierung der ersten Aufbauarbeiten für die Hauptkirchen gesichert war, erteilte das Landeskirchenamt Hamburg dem Architekten Gerhard Langmaack den Auftrag für die Wiederherstellungsarbeiten an der St. Michaeliskirche und für die Sicherungsmaßnahmen zur Erhaltung des Turmes der neugotischen St. Nikolaikirche.

Der Wiederaufbau der mittelalterlichen Kirchen St. Katharinen und St. Jacobi, so wie die Restaurierungsarbeiten an St. Petri wurde den Architekten Bernhard Hopp und Diplom-Ingenieur Rudolf Jäger anvertraut.

Die Architektengemeinschaft Bernhard Hopp und Diplom-Ingenieur Rudolf Jäger wurde 1935 gegründet. 1937 wurde der Verfasser erster Mitarbeiter und nach dem Krieg als Bauleiter zur Durchführung der Aufbauarbeiten an den drei genannten Hauptkirchen eingesetzt.

Der Wunsch, die Kirchen wieder aufzubauen, war verständlich. Als dem Wunsch die Taten folgten, mehrten sich die Stimmen, die lieber den Bau von Wohnungen wünschten oder forderten, statt eines Wiederaufbaus der Kirchen. Staatliche Stellen trafen im Krieg noch keine Entscheidung. Gutschow, der Beauftragte für die Stadtplanung, meinte laut Tagebucheintragung des Architekten Hopp vom 11.01.1945: „der Bau passe nicht in die Stadtplanung und es müsse in Erwägung gezogen werden, den Bau abzutragen. Würde die Kirche wieder aufgebaut, dann sei es noch offen, ob für kirchliche Zwecke."

Noch am 11.09.1946 regte ein hochrangiger Mitarbeiter des Hochbauamtes an, die Kirchenruine St. Katharinen den Lagerhausgesellschaften zur Nutzung zu überlassen.

Aber der Wiederaufbau der Kirche ist vom starken Willen des Kirchenvorstand beseelt und von dem damaligen Hauptpastor und späteren Landesbischof Professor D. Volkmar Herntrich, welcher den Wiederaufbau im unermüdlichen Einsatz, mit Durchstehvermögen und Entschlusskraft in die Tat umsetzt. Er wurde unterstützt von der Opferbereitschaft der Hamburger Bevölkerung durch freiwillige Spenden, wodurch später manche Lücke geschlossen werden konnte. Grundstücksverkäufe wurden für die Finanzierung erforderlich.

Unter schwierigen Umständen begannen die Arbeiten nach dem Krieg. Zunächst standen die rein bautechnischen und statischen Aufgaben zur Sicherung gegen Einsturz sowie der Schutz gegen Witterungseinflüsse im Vordergrund. Materialmangel erschwerte die Arbeiten in starkem Maße. Der Mangel an Baustoffen und Arbeitskräften führte zunächst noch zu einer Verschärfung der schon während des Krieges eingeführten bauwirtschaftlichen Bestimmungen. Die britische Besatzungsmacht nahm sich dieser Seite des Bauwesens nachdrücklich an. Die Besatzungsmächte hatten seit ihrem Einmarsch die Ausübung der Souveränität an sich gezogen. Kontrolle reichte bis zu den kleinsten Teilen, bis zum Nagel. Bauen durfte nur, wer eine Lizenz hatte, und diese bekam nur, wer die erforderlichen Unterschriften und Stempel der Besatzungsmacht bekommen konnte.

Dafür wurden Programme aufgestellt, die nach Sektoren geordnet waren. An erster Stelle standen die Ernährung und die Landwirtschaft, auf die Baukapazität fielen damals nur knapp 9 v.H. des Gesamtvolumens. Eine Entspannung trat erst nach der Währungsreform 1948 ein. Die gesamte baupolizeiliche Arbeit wurde durch die Besatzungsmacht überwacht. Es war außerordentlich schwierig, Baugenehmigungen und Baustoff-Zuteilungen zu erhalten. Häufig weigerten sich die Dienststellen der Besatzungsmacht, die sogenannte „MG-Nummer" zu erteilen. Ende 1946 ging die Hoheit über das Bauwesen wieder an den Senat der Stadt. Ab 1945 wurde der Generalbebauungsplan aufgestellt und erlangte 1947 Gesetzeskraft.

Als im August 1945 der Wunsch bestand, im Turm eine Notkapelle zu errichten, musste der Major Shelton von der Militärverwaltung um Zustimmung gebeten werden. Zur Errichtung der Kapelle ist es nicht gekommen. Erst 1948 konnte im Mittelschiff der Kirche eine RAD-Baracke für kirchendienstliche Zwecke aufgestellt werden. Die Kosten für diese Baracke wurde von schwedischen Gläubigen gestiftet.

Am 29.08.1950 wurde die Baugenehmigung für den Wiederaufbau der Kirche erteilt. Nun konnte mit der Einrüstung der Umfassungsmauern begonnen werden. Um das durch Kriegseinwirkung in seinem inneren Gefüge beeinträchtigte Mauerwerk und die zur Errichtung eines neuen Dachstuhls statisch erforderlichen Voraussetzungen zu schaffen, wurden zunächst die Mauerkronen mit einem Stahlbetonringanker gesichert. Außerdem wurden, in Fortführung des Planes von Professor G. Rüth von 1931, über der Osthälfte des Mittelschiffes drei weitere Stahlbetonbalken eingezogen und über dem nördlichen Seitenschiff drei Stahlbetonbalken mit Stützpfeilern zur Sicherung der vorhandenen Strebepfeiler. Schon 1931 waren erhebliche Abweichungen der Außenmauern festgestellt worden.

Chemische Untersuchungen hatten ergeben, dass große Teile des Mauerwerks der Ruine unter der Verwendung von Gipsmörtel hergestellt waren. Um zu verhindern, dass bei Beton- und Maurerarbeiten der zu verwendende Zement nicht mit Gipsmörtel in Berührung kommt, wurden während der Arbeit ständig Mörtelproben des alten Mauerwerks entnommen und untersucht. Die Erfahrung hatte gelehrt, dass gipshaltiger Mörtel, Zemente und Feuchtigkeit zusammen verheerende Sprengwirkungen auslösen können.

Da zu damaliger Zeit Erzzement - der als ungefährlich und gipsresistent galt - nicht zu beschaffen war, wurde in den technischen Ausführungsbestimmungen vorgeschrieben:

> „Sofern Gipsmörtel festgestellt ist, darf für die Beton- und Maurerarbeiten der Zement nicht mit Gipsmörtel in Berührung kommen. Da nach bisherigen Feststellungen der Zement nicht beschafft werden kann, sind einzubauende Betonteile an solchen Stellen gegenüber dem mit Gipsmörtel ausgeführten Mauerwerk mit einer einfachen Dach-Papplage, deren Stöße 10 cm überdeckt sein müssen, abzusperren. Die Absperrung kann auch durch einen mager ausgeführten Zementestrich oder Kalkestrich mit Kaseinzusatz von 2 cm Stärke erfolgen, auf den Betonteile erst aufzubringen sind, wenn dieser Estrich abgebunden ist."

Die etwa 2,60 m dicken Pfeiler der Kirche bestanden aus zwei gemauerten Schalen aus Ziegelsteinen, während der Zwischenraum mit Ziegelschutt gefüllt und mit gipshaltigem Mörtel verbunden wurde. Hier wurde bei Ausbesserungen und Erneuerung mit dem vorgeschriebenen Mörtel gearbeitet. Eine Verdichtung des Kerns mit Zementmörtel wurde zu der Zeit nicht durchgeführt.

Über die Spätfolgen, die bei Sanierungen von Kirchenmauern auftreten können, schreibt „Die Welt" am 19. März 1986 und zitiert den Baureferenten der evangelisch-lutherischen Landeskirche Hannover: Seit Ende des 19. Jahrhunderts war bekannt, dass man Gips und Zement nicht zusammenbringen durfte ohne verheerenden Folgen zu riskieren. Als wir dies vor 20 Jahren trotzdem ließen, vertrauten wir auf den neuartigen Zement (Erzzement? d. Verfasser). Das war noch vor kurzem Stand der Wissenschaft. Dieser Zement galt als völlig ungefährlich und gipsresistent. Aber die Zeitbombe begann zu ticken, als die Zementinjektionen auf das gipshaltige Mauerwerk stießen.

Treibmineralien mit großer Sprengkraft bildeten sich aus. Schon drei Jahre später tauchten die ersten Risse an Kirchen und Türmen auf. Fachleute standen vor einem Rätsel, bis ein Hamburger Bauchemiker bestätigte, dass auch die neuen Zemente entgegen allen Erwartungen mit altem Mörtel reagieren, wenn diese Gipse enthalten und das Mauerwerk überdies feucht ist. Neuerdings wird ein neuentwickelter Mörtel verwendet, der in Verbindung mit Gips keine gefährlichen Mineralien bildet.

Die Wiederherstellung des Außenmauerwerks erfolgte so weit als möglich, an sichtbaren Stellen aus den vom Abbruch gewonnenen Klosterformatsteinen oder aus neu angefertigten Handstrichsteinen verschiedener Größen. Nach Entscheidung des Denkmalpflegers richtete sich die Größe nach den Formaten, in denen die Kirche in den letzten Jahrhunderten erneuert wurde.

An nicht sichtbaren Stellen und Hintermauern wurden Steine im Reichsformat verwendet. Die Vermauerung erfolgte unter Verwendung von Kalkmörtel mit wenig Zementzusatz. Für die Verfugung war ein Kalkmörtel mit Kaseinzusatz vorgeschrieben. Mischungsverhältnis:

12 l Sand, 4 l Kalk, 0,66 l Zement und als Zusatz 125 g Kaseinleim verdünnt mit Wasser, bis der Mörtel geschmeidig wurde. Auch die benötigten unterschiedlichen Profilsteine wurden nach Zeichnung im Handstrichverfahren angefertigt. Unter den wenigen Ziegeleien, die noch Handstrichsteine herstellten, wurde das kleine Werk von Rumohr-Rundhof in Rundhof/Kappeln a.d.Schlei ausgewählt. Über die Arbeitsweise und über Terminschwierigkeiten, die sich im Ziegelwerk ergaben und sich folglich auch am Bau auswirkten, schreibt Architekt Hopp eine Notiz vom Oktober 1953 (gekürzt):

> „Da verschiedene Klärungsversuche vergeblich waren, bin ich am 13. Oktober mit Herrn Steinfath zur Ziegelei Rundhof gefahren und haben uns durch Augenschein von folgendem überzeugt:
>
> Der Ziegeleibetrieb ist ein rein handwerklicher. Die Ziegel trocknen durchweg im Freien und nur zu einem Teil über den in den Boden versenkten Öfen. Infolgedessen ist nur eine

begrenzte Produktion möglich. Die dickeren Steine trocknen länger, die kleineren schneller; daher lange Liefertermine und die Anlieferung scheinbar ohne System.

Auch bei der Herstellung der Formen ergeben sich Behinderungen, wie der Ziegelmeister uns in verschiedenen Proben nachwies. Obgleich ein bestimmter Teil unserer Profilsteine sich in Brand befinden, ein weiterer getrocknet ist und demnächst zum Brand kommt, ist doch nicht mit einer Anlieferung zu rechnen, wie wir sie erwarteten.

Die Angaben über diese Steine sind bereits seit sechs Wochen dort, erst jetzt aber sind die Steine hergestellt - nach Angabe des Ziegelmeisters, weil es an Auflagebrettern fehlt, von denen man über 1000 Stück hätte beschaffen müssen, die das Stück 1,50 DM kosten, wobei der Verdienst aufgehoben wäre. Eine persönliche Unterhaltung mit Herrn von Rumohr ergab kein anderes Bild. Obwohl alles getan wird, kann die Ziegelei mit dem Handwerksbetrieb nicht schneller und nicht mehr schaffen. Eine restlose Belieferung bis zum Einbruch des Winters erscheint mir nicht möglich".

Zu der Zeit wurden die Formsteine für die Nordfenster benötigt, am Ostgiebel sollte mit der Wiederherstellung gleichzeitig ein neuer Schornstein hergestellt werden, für die Südfenster fehlten die letzten Rippensteine. Eine zügige Durchführung der Arbeiten an einer Stelle war nicht möglich. So musste immer wieder umdisponiert werden.

Das Verfahren zur Herstellung von Handstrich-Ziegelsteinen hat sich im Laufe der Jahrhunderte wenig verändert. Bis in die zweite Hälfte des 19. Jahrhunderts geschah das Formen der Ziegel mit der Hand – nach Aufbereitung von Ton, Lehm und Wasser zu einer plastischen Masse. Diese wurde von Hand in Kästen, die durch ein hölzernes Gitterwerk in der Größe des Steinformats - unter Berücksichtigung des Schwindmaßes - unterteilt waren, fest eingestampft. Nach dem Abstreifen der überstehenden Masse mit einem linealartigen Brett wurden die Rohlinge auf einem gesonderten Brett getrocknet und dann gebrannt. Dies geschah in den sogenannten Meilern oder später in freistehenden rund oder quadratisch gemauerten Feldbrennöfen, die entweder oben offen oder durch Gewölbe abgedeckt waren. Die Rauchgase konnten durch kleine Öffnungen der Gewölbedecke abziehen. In den Meilern waren die Ziegel immer mit Abstand voneinander kegelförmig geschichtet, mit Reisigschicht versehen und mit einer Lehmschicht abgedeckt. Der Rauch konnte durch eine Öffnung in der Spitze entweichen. Handstrichsteine haben im Gegensatz zu den heutigen in Strangpressen geformten Ziegeln, keine glatte Fläche, sondern durch Unebenheiten belebte Oberflächen, die dem schönen alten Backsteinbau das Gepräge gab.

Nach dem Beginn der Maurerarbeiten 1950 fanden Vorbesprechungen über den Wiederaufbau des Hauptdaches statt. Um ein möglichst kostengünstiges Ergebnis zu erzielen, wurde von drei Firmen ein Angebot mit eigenem Konstruktionsvorschlag für den Dachstuhl angefordert. Die preisgünstigste Firma Johannes C. Otto Rust erhielt den Zuschlag.

Foto: Schmidt-Luchs

Die Errichtung eines Dachstuhls dieser Größe ist schon nicht alltäglich, aber hier brauchten die sechs Zimmerleute besonderes handwerkliches Geschick, denn der Dachstuhl hat weder eine durchgehend waagerechte Firsthöhe, noch eine gleichbleibende Grundrissbreite und durchgehend gerade Mittelachse. Am Turm hat das 54 m lange Mittelschiff eine Spannbreite von 11 m, auf etwa zweidrittel Länge verjüngt sich das Schiff dann, so dass es am Ende nur noch 9 m breit ist. Um die Dachneigung beizubehalten, senkt sich der First im letzten Drittel bis zur Spitze des Chorgiebels ab, eine Erscheinung, die noch mit bloßem Auge zu erkennen ist. Aus diesem Grunde mussten Binderverbinder neu bemessen und unten im Kirchenschiff auf dem Schnürboden „abgebunden" werden. Das heißt, alle Holzteile mussten so zimmermannsgerecht hergerichtet werden, dass diese insgesamt ein standfestes „Gefüge" für das Dachgerüst bildeten. Die im September 1950 begonnenen Arbeiten kamen zunächst gut voran, aber wirtschaftliche und andere Schwierigkeiten des Auftragnehmers führten dazu, dass diese vorübergehend ins Stocken gerieten und der Fertigstellungstermin nicht eingehalten werden konnte. Am Sonnabendmorgen des 4. August 1951 konnte bei strahlendem Sonnenschein der mit weißroten Bändern, den Farben der Hansestadt, ge-schmückte große Richtkranz über dem neuen Dachstuhl des Mittelschiffes auf-gezogen werden. Oberkirchenrat D. Dr. Herntrich dankte, als Pastor von St. Katharinen, den Beteiligten für die geleistete Arbeit, und Bürgermeister Brauer begrüßte den Wiederaufbau der Kirche und wünschte, dass sich der Turm als Wahrzeichen Hamburgs bald wieder in die Silhouette Hamburgs einfügen möge.

Fotos Richtfest 04.08.1951 : D.P.A

BÜRGERMEISTER BRAUER

Am Sonntagmorgen fand zur Feier des neuen Dachstuhls vor einem Notaltar und einem schlichten Holzkreuz, in der Kirchenruine ein einmaliger Gottesdienst statt. „Wir wollen dieses Gotteshaus als Feldzeichen des Friedens wieder errichten. Dass der Wohnungsbau in Hamburg an erster Stelle stehen müsse, sei auch der Wille der Kirche. Aber die soziale Erneuerung solle gekrönt werden durch Orte der Sammlung und Stätten des Friedens" sagte Hauptpastor D. Herntrich seiner großen Gemeinde, die sich zu diesem ersten Gottesdienst nach acht Jahren versammelt hatte. Die von schwedischen Gläubigen 1948 gestiftete und im Kirchenschiff für gottesdienstliche Zwecke aufgestellte Baracke war zu Beginn der Zimmererarbeiten aus Sicherheitsgründen abgebaut worden. Da zu der Zeit bereits nicht unberechtigte Bedenken bestanden, ein Dach von diesen Ausmaßen mit einer Dachziegeleindeckung auf Lattung zu erstellen, wurden sämtliche Fenster- und Türöffnungen der Außenwände mit einer Notschalung abgedichtet. Aus finanziellen Gründen musste auf Dachschalung und Kupfereindeckung verzichtet werden, ebenfalls auf den Einbau von Dachgauben. Die Dacheindeckung mit roten Klinkerhohlziegeln übernahm der Dachdeckermeister Jensen aus Harburg. In dem Auftrag war die Gestellung der erforderlichen Gerüste zur Durchführung seiner Arbeiten einbegriffen. Rund 50.000 Ziegel mussten nach oben geschafft, auf Platten verlegt und von der Unterseite mit Kalkmörtel verstrichen werden.

Meister Jensen hatte in den drei Jahren zuvor in Hamburg etliche Kirchendächer und Türme neu eingedeckt. Seine Erfahrungen glaubte er auch an einem Prestigeobjekt wie St. Katharinen nutzen zu können, und gab ein ungewöhnlich niedriges Angebot ab. Aber obwohl seine 25 Männer, von denen viele auf der Baustelle übernachteten und vom Morgengrauen an arbeiteten, musste er hier einen Verlust buchen. Dies war vor allem darauf zurückzuführen, dass bei Arbeitsbeginn behördlicherseits umfangreiche Sicherungsmaßnahmen verlangt wurden, die nicht eingeplant waren. Die Verstricharbeiten sollten von freihängenden sogenannten Dachdeckerstühlen bis zu 30 m Höhe ausgeführt werden. Das ließen aber Berufsgenossenschaft und Bauarbeiterschutz nicht zu. Es mussten über dem Kirchenschiff, unterhalb der Arbeitsstelle ausreichende Netze angebracht werden und das war eine kostspielige Maßnahme. Die Mehrkosten konnten nicht erstattet werden, da dies eine Ungerechtigkeit gegenüber übrigen Bietern gewesen wäre. Nachdem das Dach Anfang 1952 fertiggestellt war, traten in den folgenden Jahren bei starkem Sturm die zuvor befürchteten Schäden ein. Mehrfach wurden, besonders im Windschatten des Turmes, große Flächen der Dacheindeckung durch Sogwirkung abgehoben.

Das führte dazu, dass die Kirche 1962 eine Kupfereindeckung und wie in der Vergangenheit, wieder ihre Dachgauben bekam.

Fotos: Lüden

Fotos: Lüden

Fotos: Lüden

Foto: Lüden

Nachdem das Kirchenschiff gegen Witterungseinflüsse geschützt war, wurden nun Sicherungsarbeiten am Turm massiv in Angriff genommen. Anfang März 1952 wurde die Genehmigung für die Errichtung eines Notdaches erteilt, jedoch mit einer Ausnahmegenehmigung für die Dauer von längstens fünf Jahren. Ein Dach, das sich nach der Baupflegesatzung der Umgebung einpassen würde, konnte nicht finanziert werden, so wurde ein flachgeneigtes, abgewandtes Holzdach mit Pappeindeckung ausgeführt. Um das hierfür erforderliche Gerüst auszunutzen, wurden gleichzeitig Leitergänge und eine Stahlbetondecke im Turminneren hergestellt. Im Oktober 1952 begann der landeskirchliche Bautrupp mit den Vorarbeiten für die Errichtung der neuen Gewölbe (siehe Abschnitt Gewölbe). Nachdem weitere Finanzierungsmittel zur Verfügung standen, konnten erneute Baumaßnahmen in Auftrag gegeben werden. Die Firma Paul Hammers erhielt im November den Auftrag für die Herstellung einer neuen Orgelempore in Stahlbetonkonstruktion und im Januar 1953 für die Ausbesserungs- und Sicherungsarbeiten an der Südwand, im Bereich des geplanten Südanbaus. Im Mai 1953 konnten die Arbeiten für den Neubau eines Heiz- und Kohlenkellers mit den umfangreichen Heizungs- und Luftschächten beginnen. Im Inneren des Kirchraumes nahmen die Sicherungs- und Erneuerungsarbeiten ihren Fortgang. Sobald diese mit der Wiederherstellung der Gewölbe in Zusammenhang standen, wurden dem Gewölbetrupp bis zur Fertigstellung der Gewölbe drei Maurer und ein Arbeitsmann der Firma Paul Hammers zur Beschleunigung der Arbeit zur Verfügung gestellt.

Im Januar 1954 konnte die Heizung für die Baustelle zwar in Betrieb genommen werden, jedoch mit den Maurerarbeiten an den Umfassungswänden erst nach den Wintermonaten im April wieder begonnen werden. Als im Oktober 1955 die Gewölbearbeiten beendet waren und nach langen Vorgesprächen zwischen Kirchengemeinde, Denkmalschutzamt und Architekten Übereinstimmung bestand, konnten die Instandsetzung und Erneuerungsarbeiten fortgeführt und mit der Neugestaltung der Spitzbogenfenster begonnen werden.

Die Fenster erhielten anstelle der bisherigen Sandstein-Maßwerke aufstrebende profilierte Backsteinmittelrippen mit Stahlbetonkern, die durch die waagerechten Fenstersprossen gegen Winddruck gesichert wurden. Gewählt wurden hierfür Feldbahnschienen, deren Profil einen hohen Widerstand gegen Winddruck boten. Sie hatten gleichzeitig den Vorteil, dass durch die waagerechte Verlegung des Steges sich das an den Fensterscheiben bildende Kondenswasser aufgefangen werden konnte. Sohlbänke und die Schrägungen der Strebepfeiler wurden mit einer Kupferblechabdeckung auf einem Zementestrich abgedeckt. Bis Oktober 1953 wurden Instandsetzungs- und Erneuerungsarbeiten an der Nordwand durchgeführt, im oberen Teil war das Mauerwerk im Klosterformat weitgehend erhalten. Jedoch war es 1951 erforderlich gewesen, eine erhebliche Knickung etwa über dem Nordportal durch eine Auskragung der Mauerkrone zu begradigen und eine einigermaßen glatt durchlaufende Traufe zu erzielen. Die Gewändeprofile der Fenster waren nur im Oberteil erhalten, die Reste der Natursteinmaßwerke wurden entfernt und nicht erneuert.

Stattdessen erfolgte eine Rekonstruktion nach alten Befunden, durch eine dreiteilige Aufteilung der Spitzbogenfenster mit aufrechten Pfeilern (Rippen) aus profilierten Backsteinen (s. oben). Die reizvollen Zwerggalerien unter den Fenstern und der Vorbau des nördlichen Portals in der zweiten Achse v. O. aus der Neugestaltung der Nordwand wurde (nach Abbruch der sogenannten Buden von 1888-1889 stammend) ebenfalls abgebrochen. Es wurde 1955 ein durch Oskar Ulmer teilweise restauriertes Sandsteinportal von 1642 eingebaut, das zuvor im Hof des Museums für Kunst und Gewerbe aufgestellt war. Dies Renaissanceportal stammte aus dem 1883 abgebrochenen Haus Kleine Reichenstraßen 9. Im Bereich der siebenteiligen Abschlusswand des Chores wurden umfangreiche Instandsetzungsarbeiten und Veränderungen durchgeführt. In den Fenstern waren die Maßwerke teilweise, andere zwar ganz erhalten geblieben, waren aber vermutlich um 1890 lotrecht in die schiefe Wand hinein gebaut. Dies hätte nach Wiederherstellung der Kirche einen seltsamen Eindruck hinterlassen. Außerdem hätten zwei Maßwerke, nach Auskunft des Bildhauers Ulmer, abgebaut und neu aufgesetzt werden müssen. Es wurde entschieden, dass auch diese Fenster gemauerte Zwischenpfeiler erhielten, außerdem wurde die Sohlbank bis auf die Höhe der anschließenden Fenster tiefer gelegt. In der Giebelwand musste für den Heizungskeller, der in der Südostseite der Kirche neu hergestellt war, neben dem Ostfenster ein Schornstein errichtet werden. Das hatte zur Folge, dass die Breite des Fensters verringert wurde. Das Fenster wurde als fünfteiliges Spitzbogenfenster mit Laibungs- und Pfeilerprofilen nach altem Befund neu gestaltet, wobei gleichzeitig die Fensterbrüstung bis auf die Höhe der anschließenden Fenster runtergeführt wurde. Da der Schornstein nun an der Giebelspitze endete, konnte die Figur der heiligen Katharina ihren angestammten Platz nicht wieder einnehmen.

Fotos: Lüden

Fotos: Lüden

Der Dachanschluss an der Südostecke des Langhauses wurde nicht restauriert, die Attikabrüstung wurde entfernt und der Dachanschnitt verändert. Durch die vorgenannten Maßnahmen hat sich das Erscheinungsbild der Chorseite weitgehend verändert. An der Südseite oberhalb der Anbauten waren umfangreiche Maurerarbeiten in der Verblendung und an den Fenstern durchzuführen. Die Strebepfeiler erhielten auch hier eine einfache Abschrägung und wurden mit Kupferblech abgedeckt. Das Maßwerk des ersten Fensters von Westen wurde nicht erneuert, sondern die Fensteröffnung durch gemauerte Zwischenpfeiler gegliedert.

In der Eingangshalle zwischen dem alten Barockanbau und dem Büroneubau musste ein spätgotisches Backsteinportal mit Gewänden aus Taustabprofilen mit Abfassungen weitgehend erneuert werden. Für die zweiflügelige Tür schuf der Bildhauer Fritz Fleer 1961-63 das Bronzerelief „Ecce Homo", im Bogenfeld das Lamm Gottes und die symbolische Darstellung von Jerusalem.

Über dem Spitzbogen im Südschiff die neue Inschrift:

> „St. Katharinen 1350-1520 erbaut – im Kriege 1943 zerstört. Nach Wiederaufbau 1956 geweiht – als Dr. Kurt Sieveking Bürgermeister war und Prof. D. Volkmar Herntrich Bischof der evangl. Landeskirche – Finsternis bedeckt das Erdreich und Dunkel die Völker – aber über dir geht auf der Herr – Gott aber sei Dank, der uns den Sieg gegeben hat – durch unseren Herrn Jesus Christus."

An der Südseite über dem neu errichteten zweigeschossigen Verwaltungsgebäude (Bauzeit 1952/53) wurde das Fenster in der ersten Achse von Westen als fünfteiliges Spitzbogenfenster mit Zwischenpfeilern anstelle des bisherigen Maßwerks neu gestaltet. In den folgenden vier Achsen wurden die Fensteröffnungen mit je einem Fensterpaar zwischen profilierten Gewänden und darüber liegendem

Rundfenster (Oculus) unter einem Überfangbogen fast vollständig erneuert – ebenfalls die Mauerverblendung.

Bis zum Sommer 1956 wurden die Arbeiten an den Fenstern und dem Außenmauerwerk abgeschlossen, nachdem auch das Westfenster seitlich des Turmes ebenfalls erneuert und den Fenstern der Nordwand angepasst wurde.

Von den 1943 ausgebrannten Anbauten an der Südseite der Kirche wurde die zweigeschossige Sakristei mit Kirchensaal von 1792 für kirchendienstliche Zwecke wiederhergestellt.

Anstelle des zerstörten neugotischen Schulgebäudes wurde 1952/53 das zweigeschossige Verwaltungsgebäude errichtet und danach folgte ein weiterer Anbau bis in den Winkel zwischen Kirchenschiff und Turm (s. Anbauten).[4] Die beiden Anbauten haben eine gemeinsame Vorhalle und gleichzeitig einen Eingang zur Kirche. In die Fassade wurde ein Renaissance-Sandsteinportal aus dem 1941 abgebrochenen Haus Katharinenstraße 8 eingebaut.

Foto: Hettchen; Bronzetür von Fritz Fleer im Südportal

---

[4] Eine H&J-Zeichnung im Anhang zeigt diesen Bauabschnitt.

Foto: Schmeißer Bild 15

Gurtbogenanfang und Hintermauerung der Gewölbezwickel

Foto und Text: Siegfried Schmeißer[5]

Bild 18: Auf dem Schnürboden des Zimmermanns

Wie jedes Bauwerk eine Gemeinschaftsleistung mehrerer Handwerke ist, deren Angehörige sich mit ihrem Wissen und Können ganz besonders in unserem Zeitalter der enormen immer weitergehenden Ausweitungen durch Neuerungen und der stetigen Vervollkommnung, was zwangsläufig den Spezialisten erfordert, zu ihrem eigenen Nutzen und zu dem des Bauwerks ergänzen müssen, so sehen wir beim Gewölbebau den Maurer und den Zimmermann zusammenarbeiten.

Zunächst hatte der Zimmerer den Lehrbogen für den Gurtbogen angefertigt und aufgestellt (Bild 15). Auf dem Bild 18 ist er mit einem Helfer dabei, die letzte Hand an einen Lehrbogen für eine Rippe zu legen. Der Zimmerer erhält zugehörige Zeichnungen, die meistens in einem kleinen Maßstab gezeichnet sind und den Vermerk vom Ingenieurbüro tragen: „alle Maße sind am Bau zu überprüfen!", wobei der Statiker die Berechnungen für den Entwurf des Architekten gemacht und danach die Arbeitsunterlagen gezeichnet hat. Der Zimmerer reißt sich jetzt die Zeichnung nach den angegebenen und geprüften Maßen im natürlichen Maßstab auf den Brettern in Blei auf und fertigt hiernach seinen Lehrbogen an.

Die Bleistiftlinien einiger Aufrisse sind zu erkennen. Der Name Schnürboden leitet sich von den beim Aufreißen benutzten und mit Kreide gefärbte Schnüren her, mit denen der Schnurschlag ausgeführt wird – z.B. bei geraden Linien bei Balkenlagen,

---

[55] Die Darstellung dieses Kapitels folgt der unter Quellen aufgeführten, umfanreichen Darstellung von Siegfried Schmeißer. Die von ihm verwendeten Bildnummern sind beibehalten.

Bild 20: Rippe – Zwickel – Gurtbogen   Foto und Text: Siegfried Schmeißer

Jetzt kann der Gewölbemaurer seine Arbeit zügig fortsetzen. Die Rippe ist bereits ein ganzes Stück allein vorgezogen worden; ihre Form ist durch die Lehre festgelegt. Ganz anders ist es mit der Form des sich immer mehr verbreiternden Gewölbezwickels. Sie muss von dem Mauermann selbstständig und freihändig gefunden werden. Nicht einmal die Wasserwaage kann ihm dabei helfen, weil es bei diesem Gewölbe weder senkrechte noch waagerechte Linien gibt.

Wir sind hier auf der dritten Rüstung (vergleiche Bild 33), etwa 4 m oberhalb des Kapitells. Der Zwickel spannt sich von der Oberseite des halbrunden Gurtbogenziegels (im Bild 20 rechts) in zunächst nur leichter Krümmung zur Rippe, auf deren Ziegeln er auf einem nur 3 cm breiten Vorsprung aufliegt (vergleiche Bild 29).

Damit das Lehrgerüst beim Fortgang der Arbeiten durch die immer größer werdende Mauerlast nicht einseitig gedrückt wird, müssen alle acht Zwickel und später alle vier Kappen immer etwa in gleicher Höhe sein. Deshalb holt der Maurer an der Rippe im Bild 20, jetzt auch erst einmal den Zwickel links von der Rippe nach und lässt diesen liegen. So geht es dann immer abwechselnd, wenn nur vier Maurer - an jeder Rippe einer - arbeiten.

Bild 22: Aufgestellte Busungslehren   Foto und Text: Siegfried Schmeißer

Während die Maurer mit viel Verstand und Gefühl, mit vielem Prüfen und Sehen Ziegel auf Ziegel schichten, fertigt der Zimmermann für sie das zweite und letzte Hilfsmittel für die in wesentlichen Teilen freihändige Arbeit. Er reißt sich nach den am Feld genommenen Maßen und nach den Angaben des Maurer-Poliers Paul Scharnweber auf dem Schnürboden die Form der Busungen auf, fertigt danach vier Lehren, stellt sie jeweils vor den Gurtbogenscheitel (vergleiche Bild 24) - bei quadratischem Grundriss parallel zu den Seiten - mit dem Stoß im Rippen-lehrenschnittpunkt auf und verankert sie. Durch den etwas erhöhten Ansatz bleibt ein Raum frei, wo später der Schlussstein eingesetzt wird.

Bild 24: Vereinigung der Zwickel zur Kappe   Foto und Text: Siegfried Schmeißer

Die Zwickel, von denen im Bild 20 einer zu sehen war, sind jetzt so hochgezogen, wie sie von dieser Rüstung aus gemacht werden können. Im Vordergrund rechts steht die Busungslehre, hinter der sich die Kappenflügel zur Kappe vereinigen. Deutlich lässt sich bereits die Gewölberundung ersehen, wie sie aus der Ecke herauswächst und sich auf die beiden Gurtbögen und die Rippe abstützt.

Bild 25: Kappenflügelstoß von außen gesehen Foto und Text: Siegfried Schmeißer

Durch die Neigung der Ziegelschichten am Zwickel entsteht hinter der Busungs-lehre, die hier innen hochkommt, ein fast senkrechter Schichtenstoß.

Nachdem einige Schichten aufgemauert sind, werden sie sofort mit einer Putzschicht aus Mauermörtel, die gleichzeitig die nicht ganz vollen Fugen ausfüllen soll, grob übergeputzt, da man später nur noch sehr schwer an die Außenhaut herankommen kann und der eventuell aus einigen Fugen herausgequetschte Mörtel noch weich ist.

Bild 28: Rippe mit Verstärkungsgurt und Hintermauerung in der Draufsicht

Zunächst erkennt man, wie die Hintermauerung das Dreieck zwischen den beiden Gurtbögen, rechts und oben im Bild, ausfüllt und dann liegen geblieben ist.

Im Text zu Bild 20 wurde angeführt, dass die beiden kleinen Vorsprünge des Rippenziegels, auf die sich je ein Kappenflügel auflegt, nur 3 cm breit sind. Das ist reichlich wenig, wenn man bedenkt, dass sich die Hauptlast in den Rippen zusammen ballt. Darum ordnet man einen Verstärkungsgurt an, der mit dem Aufhören der Hintermauerung beginnt und bis zum Schlussstein durchgeführt wird (vergleiche die Bilder 29, 41 und 47).

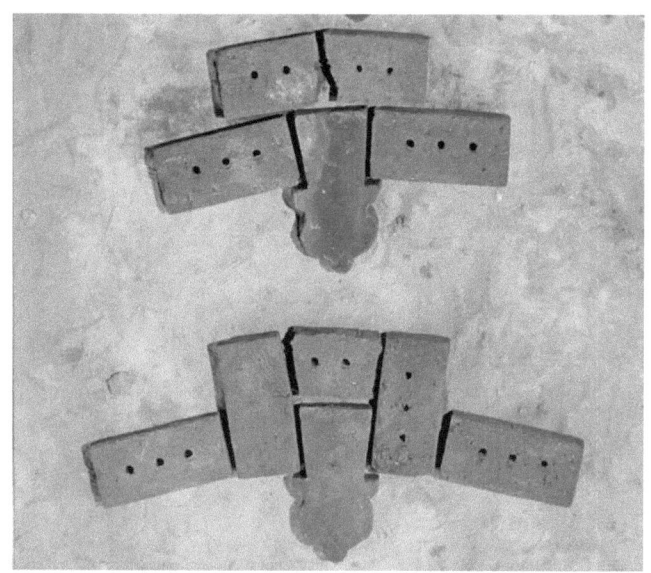

Bild 29: Mauerverband der Rippe mit Verstärkungsgurt
Foto und Text: Siegfried Schmeißer

Eine richtige voll mittragende Verbindung zwischen der Verstärkung und der Rippe bzw. den Kappen erhält man nur dann, wenn für die Verstärkung die Regeln des Mauerverbandes eingehalten werden, wie sie die zwei Schichten zeigen, die immer abwechselnd zu mauern sind.

Bild 31: Fertige Rippen   Foto und Text: Siegfried Schmeißer

Seit der letzten Rüstung ist zweimal aufgerüstet worden; die höchste ist erreicht (siehe die Rüstungnummer V in der schematischen Zeichnung Bild 34). Die Kappen sind seitdem über 2 m höher geworden, und es ist jetzt hier oben, rund 18 m hoch, durch die Neigung der Kappen schon erheblich enger.

Der Schlussstein hat seinen Platz eingenommen und ist zwischen den Busungslehren verkeilt. Nun werden zunächst einmal die Rippen zu Ende gebracht, indem die Maurer die Rippensteine bis an ihn heransetzen und auch die letzte Fuge gut vermörteln.

Währenddessen sorgen die zwei Arbeitsleute nach wie vor für den Nachschub an Ziegeln und Mörtel, wobei eine kleine Winde unersetzliche Dienste leistet. Sie endet auf der vorletzten Rüstung (Nummer IV).

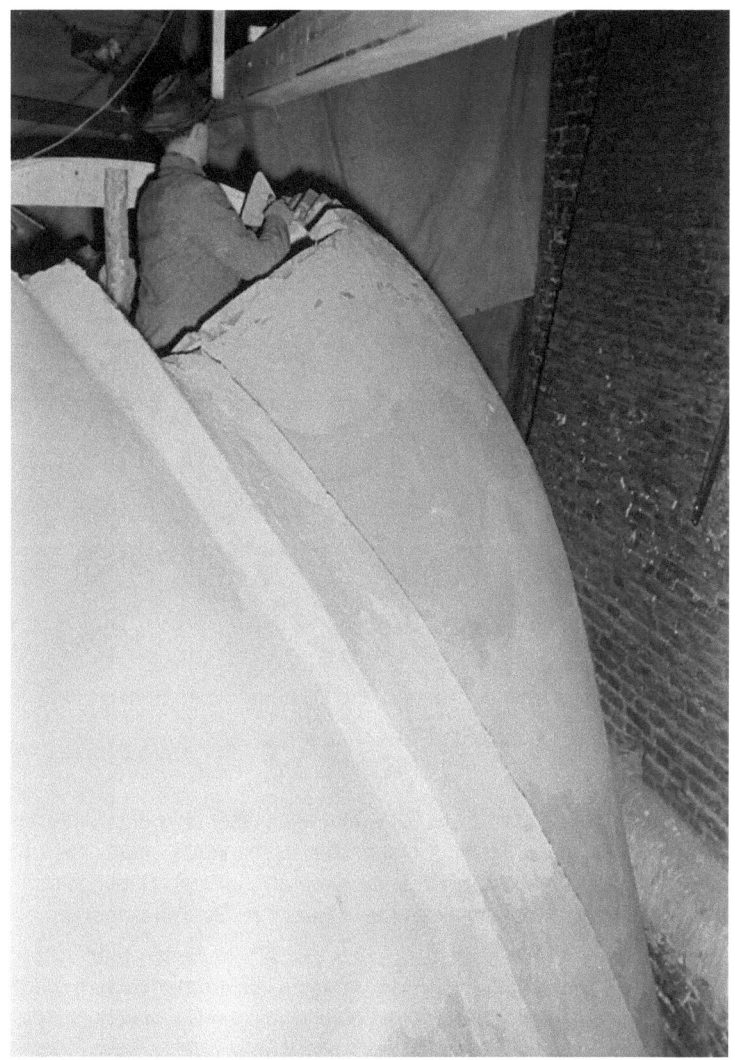

Bild 32: Außenansicht einer Kappe

Foto und Text: Siegfried Schmeißer

Das Aufmauern der Kappen macht weitere Fortschritte. Das Aufwölben durch die Busungslehre tritt schon deutlich in Erscheinung, während weiter unten von einer kreisähnlichen Gewölbeform gesprochen werden konnte, so hat sie hier eine gewisse Ähnlichkeit mit einem Vierpass. Beachtenswert ist ebenfalls das noch immer ziemlich senkrechte Ansteigen des Gewölbes auf der Busungslehre, während die Rippe schon weit mehr geneigt ist.

Bild 33: Restlängen der Rippen und Busungen zum Schlussstein

Foto und Text: S. Schmeißer

Das Bild soll veranschaulichen, wie sehr unterschiedlich lang die durch die Ziegel zu deckende Entfernung zum Schlussstein ist, wenn man sie an dem Rippenziegelvorsprung entlang und zum anderen auf der Busungslehre misst. Beides entspricht ja der Innenseite des Gewölbes, der „Gewölbeleibung".

Die Plane, die auf manchen Bildern (24, 31 und 32) im Hintergrund zu sehen ist, sollte in der kalten Jahreszeit, in der die Arbeiten nicht unterbrochen wurden, die durch die Heizung aufsteigende Wärme in dem jeweiligen Bauabschnitt halten.

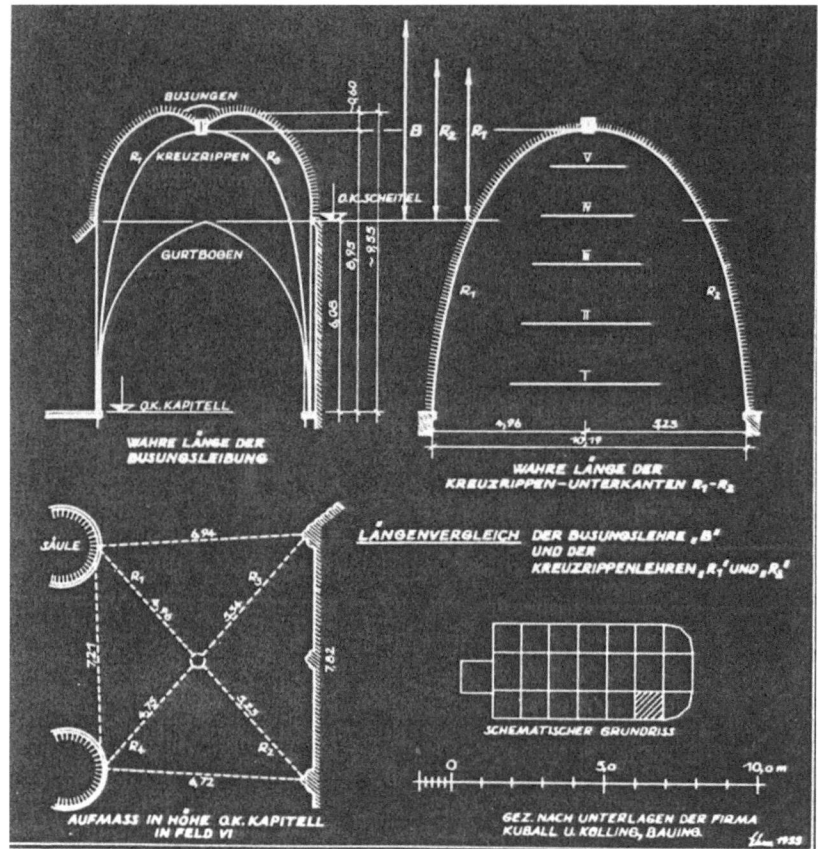

Bild 34: Längenvergleich der Busungs- und der Rippenlehre

Die Zeichnung ist für das schraffierte Seitenschifffeld in Joch VI angefertigt. Links unten ist die Draufsicht mit den für dieses Feld geltenden Maßen, darüber ein Schnitt parallel zur waagerechten Bildkante durch die Mitte des Schlusssteines – also durch zwei gegenüberliegende Busungslehren – mit den durchweg für beide Seitenschiffe in etwa geltenden Höhenmaßen. Rechts oben ist die wahre Länge der Kreuzrippen unter Kanten R1 und R2 aufgezeichnet. Jetzt lassen sich durch Abmessen (mit einem Bindfaden oder dergleichen) und Geraderichten die Längen vergleichen. Das ist in der Mitte oben erfolgt. Die Differenz von etwa 1,30 m kann auf der Maßstabslinie abgelesen werden. „B" ist dabei die Länge der Busungen, „R" die der Rippen. R1 und R2 sind ungleich, da ihre Maße im Grundriss ungleich sind. Das Messen beginnt an der Oberkante (= O. K.) bzw. in Höhe O. K. Gurtbogenscheitel.

Bild 35: Keilförmige Schichten   Foto und Text: Siegfried Schmeißer

Das Bild 34 ist zum Verständnis dessen, was dieses Bild 35 wiedergibt, nötig. Die dort in Bild 34 verdeutlichten unterschiedlichen Längen muss der Maurer auszugleichen suchen. Würde er nämlich seine Schichten immer in der vollen Ziegelhöhe weiter legen, so wäre er bald an der Rippe am Schlussstein angekommen, während in der Busung noch ein erhebliches Loch klaffen würde.

Der Maurer hilft sich nun so, dass er je nach Lage der Dinge – das ist meistens in jedem Kappenflügel anders, je nachdem, wie er ihn angefangen und fortgesetzt hat – gewisse Schichten dünner zur Rippe hin (im Bilde rechts untere Ecke) auslaufen lässt oder sie auch gar nicht bis dorthin durchführt. Der Erfolg ist eben das Vorankommen auf der Busungslehre gegenüber der Rippe, d. i. ein Verkleinern der Längendifferenz.-

Die Aufnahme konnte natürlich erst nach Entfernen der Busungslehre gemacht werden. Der Kappenflügelstoß ist in der linken oberen Ecke sichtbar.

Bild 37: Erstmaliges Erreichen eines Höchstpunktes (Busung)
Foto und Text: Siegfried Schmeißer

Steigt man über die Leiter noch weiter hinauf bis ins Dachgebälk (gleicher Standpunkt wie in den Bildern 22 und 31), so hat man einen interessanten Blick und kann die einzelnen Arbeiten des Poliers und seiner Maurer beobachten. Der Maurer in der Mitte (Desens) prüft mit der Leiste, wie viel er in dieser Schicht mit der Keilung auszugleichen hat, um danach seine Ziegel zu hauen. Sein Kollege rechts neben ihm macht sich wegen einer schwierigeren Stelle schon vorher Mörtel auf ein Ziegelstück. Der Polier (Scharnweber) links mit der weißen Jacke – klopft den Ziegel mit dem Maurerhammer in das Mörtelbett, damit er satt darin liegt und das spätere Setzen des Mauerwerks durch Uusammensacken des Fugenmörtels weitgehend vermieden wird. Der Maurer ganz links zieht bei sich den Außenputz hoch und glättet ihn gerade mit der Kelle. Sein Kollege rechts im Hintergrund hat gerade das Mörtelbett aufgetragen, in das er anschließend den Ziegel legt und festklopft.

Die Kappe ganz im Hintergrund ist bereits bis auf den höchsten Punkt hochgezogen. Sie bleibt zunächst liegen, damit die übrigen drei Kappen nachgeholt werden können.

Bild 38: Die Busung   Foto und Text: Siegfried Schmeißer

Die Kappe ist in diesem Abschnitt wie ein Bogen nach Aussehen und statischer Wirkung zu beurteilen, wie er bei Tür-, Tor- und Fensterüberdeckungen oft anzutreffen ist. Seine Widerlager sind die Rippen mit den Verstärkungsgurten, die hier wegen der Aufwölbung etwas anders geformt sind als in den Bildern 28 und 29, allerdings ohne auf das Einbinden in die Kappe mit dem ganzen Stein (ganz rechts im Bild) zu verzichten. Darüber liegt eine der o.a. Leisten zum Ausgleich der Keilungen. -

Die Busungslehre im Vordergrund zeigt die Beschriftung des Zimmermanns, die er auf dem Schnürboden angebracht hat, um bei der Aufstellung an Ort und Stelle eine Verwechselung auszuschalten. Denn durch die unterschiedlichen Grundmaße (vergleiche Grundriss im Bild 34) in einem Feld ist fast jede Form anders, ganz zu schweigen von den Nachbar- und den gegenüber liegenden Jochen, weil eben Unsymmetrie herrscht. Für den Zimmermann bedeutet das immer wieder neues Messen und immer wieder neues Anfertigen des gesamten Lehrgerüstes, für die Maurer immer erneutes Anpassen an die veränderten Gegebenheiten.

Bild 40: Schließen der letzten Kappe I   Foto und Text: Siegfried Schmeißer

Die letzte Kappe lässt sich überhaupt nur noch von außen schließen. Bevor das Loch zu klein wird, kommen die Balgen aus Mörtel und die noch nötigen Ziegel nach oben. Auch hier müssen zwei Maurer zusammenarbeiten. Einer, der von oben die einzelnen Ziegel mit einer Mörtelschicht belegt und sie ansetzt, während der andere von unten ihre Lage kontrolliert und sie anklopft und andrückt, bis sie angezogen haben und ausreichend festsitzen.

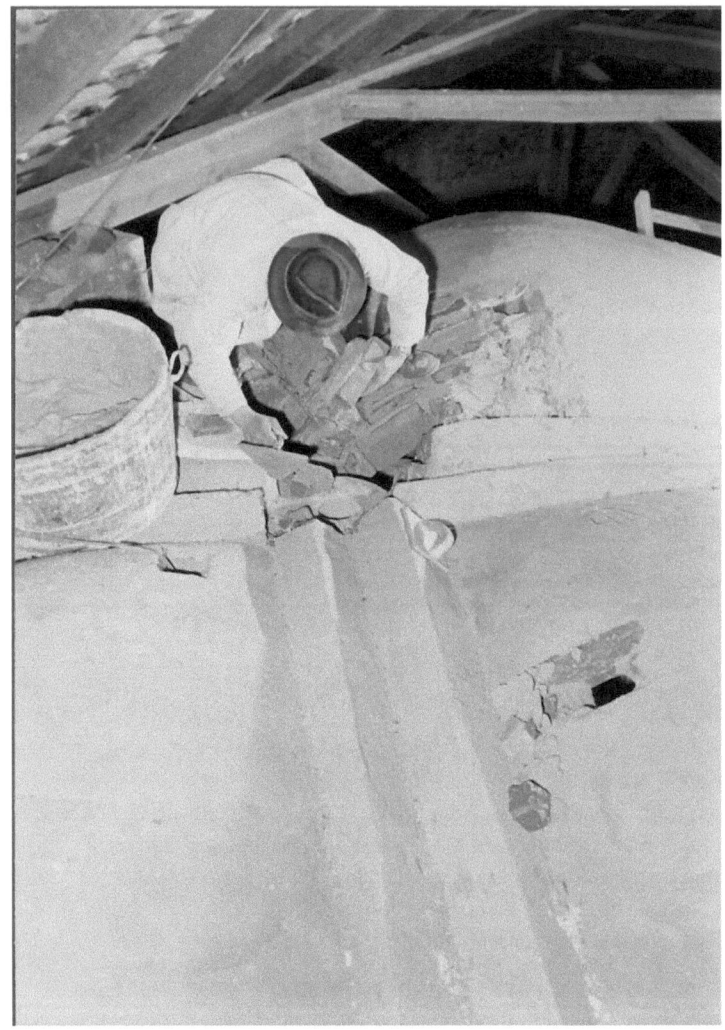

Bild 41: Schließen der letzten Kappe II   Foto und Text: S. Schmeißer

Während nun die allerletzten der insgesamt 6000 Maschinenziegel (2. Sorte), die allein für das Einwölben der einzelnen Seitenschiffkappe gebraucht werden - im Mittelschiff sind es rund 9000 - vermauert werden, beginnt man unterhalb schon mit dem Abnehmen des Lehrgerüstes, zuerst der Busung-, dann der Rippenlehren, nachdem die Keile entfernt worden sind und auf diese Weise eine geringe, aber notwendige Senkung der Einrüstung eingetreten ist.

Dann werden von unten, meistens völlig unregelmäßig, einen halben Stein große Schalllöcher eingestemmt, die auch wohl der Lüftung mitdienen. Mit ihrer Hilfe will man später die Akustik regulieren können, und zwar auf die Weise, dass man die

Löcher, zum Beispiel durch vorgesetzte bewegliche Sterne, mehr oder weniger offen lässt.

Bild 42: Kappenschluss von unten gesehen   Foto und Text: S. Schmeißer

Nachdem der Schlussstein mit einem Rollschichtkranz aus halben Ziegeln in der Höhe mit den Rippen abgeglichen ist, ist wieder ein Gewölbe geschlossen. Sehen wir einmal unter das letzte Kappenstück, so beobachten wir, dass der Schlussstein ein kleines Stück, etwa 3 cm, unten vor die Rippen tritt, dass man durch die Keilung (am rechten Rand) in der Busungslinie (die Lehre ist schon entfernt) aufgeholt hat und dass im letzten Stück im Stoß der Kappenflügel ein leichter Knick eingetreten ist, der aber von ganz unten nicht in Erscheinung tritt (vergleiche Bild 46).

Bild 46: Unteransicht eines Kreuzgewölbes   Foto und Text: S. Schmeißer

Das ganze Kirchenschiff bekommt durch das Rückstrahlen des Lichtes von den weißen Flächen eine angenehme Helligkeit. Der Anstrich hat den Vorteil, wie das Bild zeigt, die Struktur des Baukörpers und seine Elemente sichtbar zu lassen und auf diese Weise keine eintönigen, kahlen, sondern ansprechende, lebendige Flächen auf den Beschauer wirken zu lassen. Klar heben sich die Kreuzlinien der Gewölberippen heraus. Die Schalllöcher – noch ohne Sterne – heben sich als schwarze Flecke ab.. Im Übrigen wird der sich im Laufe der Jahre absetzende Staub seinen Teil zur Betonung der Linien beitragen.

Bild 47: Blick über einige fertige Gewölbe im nördlichen Seitenschiff

Als nach den schweren Luftangriffen der Nacht am Morgen des 30. Juli 1943 die Kirche durch die Glutwelle der brennenden umliegenden Häuser in Brand geriet und Kirchenschiff und Turm völlig ausbrannten, blieben die Gewölbe noch erhalten. Erst als am 18. und 20. Juni 1944 in unmittelbarer Nähe der Kirche bei weiteren Angriffen die Sprengbomben fielen, stürzten die Kreuzgewölbe einschließlich des Sterngewölbes - nach dem Einsturz des ersten Turmes errichtet- im südlichen Seitenschiff ein. Nur drei Gewölbe blieben erhalten. Diese mussten bei der Wiedererrichtung der Gewölbe zum Einsturz gebracht werden, weil die Standfestigkeit nicht mehr gewährleistet war. Erst neun Jahre nach der Katastrophe, im Oktober 1952, konnte mit den Vorarbeiten zur Erneuerung der Gewölbe begonnen werden. Besonders geeignete Maurer mussten mit der Gewölbetechnik vertraut gemacht werden. Das nötige Wissen und die handwerklichen Voraussetzungen für diese Technik des Mittelalters waren bis in unser Jahrhundert nur spärlich überliefert. In Lübeck waren bereits beim Wiederaufbau des Domes und der Marienkirche erste Erfahrungen gesammelt worden. Der St. Marien Bauverein hatte den Lübecker Maurermeister Paul Scharnweber als Polier verpflichtet, der sich mit sicherem Gefühl und Können in die alte Wölbetechnik einarbeitete und mit großer Geduld sein Wissen an die Gewölbemaurer weitergab. Das war ein Grund für den Oberkirchenrat Reinhard Vogt - dem damaligen Leiter der Bauabteilung der Hamburgischen Landeskirche - den Polier Paul Scharnweber 1952 nach Hamburg zu holen.

Aus dem landeskirchlichen Bautrupp wurde aus Maurern, Zimmerern und Bauarbeitern ein achtköpfiger Gewölbetrupp zusammengestellt, der dann nicht nur die 21 Gewölbe der St. Katharinenkirche, sondern auch die 29 der St. Jacobi Kirche sowie die beiden eingestürzten Gewölbe im Chor der St. Petri Kirche erneuerte.

Die Gesamtleitung dieser Arbeiten lag in den Händen der Architekten Hopp und Jäger, vertreten durch den örtlichen Bauleiter Heinrich Steinfath. Die statischen Belange oblagen dem Ingenieurbüro Kuball und Kölling, örtlich vertreten durch Diplom-Ingenieur Kurt Schwarz.

Beschreibung der Gewölbearbeiten (Aufzeichnungen genau reproduziert, ohne grammatische Verbesserungen):

Die Katharinenkirche wird wegen des stark überhöhten Mittelschiffes, mit einer Gewölbescheitelhöhe von 25 m, gegenüber den Seitenschiffen mit einer Scheitelhöhe von 18 m, bezeichnet als gotische Pseudo-Basilika, weil im Gegensatz zur Basilika das überhöhte Mittelschiff nicht durch eigene Fenster belichtet wird.

Die Kirche ist eine dreistufige aus Backstein gemauerte Rundpfeilerkirche mit Kreuzrippengewölbe. Die Gewölbekappen sind gebust, dies bedeutet, dass der Scheitel der Kappen höher liegt als der Schlussstein des Gewölbes am Schnittpunkt der Rippen. Das Kirchenschiff ist im Inneren 55 m lang und 28 m breit, der Länge nach in sieben Joche unterteilt. Jedes Joch enthält das Mittelschiffgewölbe und zwei Seitenschiffe mit je vier Gewölbeteilen (Kappen), die wegen der polygonalen Abschlusswand im Osten, fünf Kappen benötigen. Zwischen den Säulen (Durchmesser etwa 2,60 m), sowie zwischen Säule und Außenwand spannen sich die breiten, reich profilierten Gurtbögen, die jedes einzelne Kreuzgewölbe begrenzen.

An der Außenwand der Seitenschiffe (hier Schildmauer genannt) ist es der sogenannte Schildbogen. Auffällig an dieser Kirche ist der unsymmetrische Grundriss. Die Stellung der Säulen weist mehrfache Abweichungen von der Gebäudeachse auf. Die einzelnen Joche sind somit unterschiedlich groß, und damit auch die neu zu errichtenden Gewölbe. Der Gewölbebau muss also für jedes einzelne Gewölbe sowohl für die Gurt- und Rippenbögen als auch für die Busung der Kappen neue Lehrgerüste machen und das ist ein nicht unbeträchtlicher Zeitaufwand.

Der erste Schritt zur Errichtung der Gewölbe beginnt mit der Aufstellung des umfangreichen Gerüstes. Da Stahlrohrgerüstmaterial in der damaligen Zeit schwer zu beschaffen war, kam das Hochbauamt zur Hilfe und stellte der Kirche Gerüstmaterial vom eigenen Bauhof zur Verfügung. Das Gerüst wurde zunächst bis zur Hälfte der Kapitelle aufgestellt und hier mit einer Bodenabdeckung auf kräftiger Balkenlagen abgedeckt, auf die später Gewölbelehren mit ihrer Unterkonstruktion aufgestellt und befestigt wurden. Unterhalb dieser Plattform wurde das Gerüst aus Sicherheitsgründen mit einer weiteren Lage Gerüstbrettern abgedeckt, damit bei einem Absturz das Durchfallen bis zum Erdboden verhindert wurde. Später wurde das Gerüst lagenweise, dem Arbeitsfortgang entsprechend, jeweils um 1,90 m erhöht, bis zu einer Gesamthöhe von etwa 23 m im Mittelschiff. Jede Rüstung wurde auch hier durch ein darunter liegendes Fanggerüst gesichert.

Bleiben wir zunächst bei der Arbeit des Zimmermannes und seiner Gehilfen. Sie begann auf einem Bretterboden, dem sogenannten „Schnürboden", der im Kirchenschiff verlegt wurde, dessen Name vom Schnurschlag beim „Aufreißen" von geraden Linien mittels einer mit Kreidepulver eingefärbten Schnur abgeleitet ist.

Der Zimmerer überträgt die Maße der Zeichnung in natürlicher Größe auf dem Schnürboden und kann hiernach seinen Lehrbogen anfertigen. Da die Gurtbögen einen Teil der Gesamtlast des Gewölbes aufnehmen – der andere Teil wird über sie auf die Säulen übertragen – müssen zunächst die Lehrbögen für die vielen Gurtbögen aufgestellt werden. Während die Maurer die Gurtbögen erneuern, fertigt der Zimmerer die Rippenlehren an, die dann an Ort und Stelle auf der genannten Balkenlagen aufgerichtet, mit Rundhölzern (Steifen) unterstützt, und mit schräg angebrachten „Schwertern" gegen Ausweichen gesichert werden.

Inzwischen haben die Maurer die Vorarbeiten für den Aufbau der Gewölbe von dem gemeinsam aufgestellten Gerüst in Angriff genommen. Reste der alten Gewölbe waren abgetragen, Beschädigungen am Mauerwerk ausgebessert, die alten eisernen Zuganker entrostet und neu gestrichen oder erneuert worden. Die Auflageflächen für die Bögen und Gewölbekappen waren gemauert mit der Erneuerung der fehlenden Gurtbögen und Einwölbung konnte begonnen werden. Die Kreuzgewölbe werden in der Regel von vier „Kappen" gebildet, das ist der Teil der Einwölbung, der von zwei Rippen und einem Gurtbogen begrenzt wird. Kappen entwickeln sich aus dem gemauerten „Gewölbezwickel", der auf dem Kapitell aufsetzt.

Die vier Kreuzrippen treffen am „Schlussstein" zusammen, der allgemein aus Naturstein gefertigt ist. In der Katharinenkirche ist die Lage des Schlusssteins höhenmäßig nicht mit dem Gewölbescheitel identisch. Infolge der „Busung" der Gewölbekappen liegt dieser höher als der Schlussstein. Der Unterschied beträgt im Mittelschiff etwa 20 cm, in den Seitenschiffen etwa 60-70 cm. Der Betrachter wird diese Überhöhung vom Fußboden aus kaum wahrnehmen. Eher zu erkennen ist der fischgrätenähnliche Verband am Kappenflügelstoß an der Gradlinie der Busung. Über die Gründe, die zur Auswölbung der Kappen führten, gibt es unterschiedliche Meinungen, darauf soll hier nicht eingegangen werden.

Die genannten Gewölbezwickel werden voll hintermauert um ein Ausknicken der am Kapitell beginnenden Rippen, die gleichzeitig mit den Gurtbögen hoch gemauert werden, bei Vollbelastung zu verhindern. Es werden immer je zwei Rippen gleichzeitig hoch geführt, wovon eine so lange liegen bleibt, bis die zugehörige Gewölbekappe gemauert ist. Wenn die Rippe auf der Lehre ein ganzes Stück vorgezogen ist, beginnt der schwierige Teil der Einwölbung, denn nun muss der Maurer ohne Wasserwaage, nur nach dem Gefühl, die sich aus dem Gewölbe-zwickel verbreiternde Wölbung freihändig mauern. Hier ist eine Akkordarbeit nicht angebracht. Es ist erforderlich, dass beim Aufmauern alle vier Kappen die gleiche Höhe haben, damit das Lehrgerüst durch die immer größer werdenden Lasten nicht einseitig belastet wird. Von einer bestimmten Höhe an muss auf das Nachbargewölbe ausgewichen werden und hier beginnt ebenfalls der gleiche Arbeitsvorgang wie zuvor. Der Grund liegt im Bindeprozess des Mörtels, d.h., der Mörtel muss eine gewisse Härte haben, damit Stein und Mörtelfuge eine feste Verbindung eingehen und eine weitere Belastung aufnehmen können. Je näher der Maurer nun beim Mauern der Kappen zum Gewölbescheitel kommt und die Gewölbekurve sich zum Schlussstein neigt, desto steiler wird nun die bisher waagerechte Lage der Steinschichten. Spätestens zu diesem Zeitpunkt kommt von interessierten Besuchern, auch Fachleuten, die Frage, warum der nun senkrecht stehende Stein nicht herunterfällt.

Der Vorgang ist simpel, aber der Maurer muss behutsam vorgehen. Zunächst ist wichtig, dass die Steine absolut trocken sind, sie werden daher unter Dach gelagert. Der Mörtel wird wie üblich, auf die Breitseite des Steines gut verteilt aufgebracht, dann auf die Sichtseite (Schmalseite) gekippt und nun auf die zuvor gemauerte Schicht gedrückt, steht nun also senkrecht. In dieser Lage wird er so lange angedrückt, bis der Mörtel angezogen ist (das Wasser wurde ihm entzogen) und der Stein „klebt" nun. Dieser Vorgang wiederholt sich gleichmäßig von beiden Seiten am Zwickel beginnend, bis der Scheitel erreicht ist. Hier wird der passend geschlagene letzte Stein eingesetzt und damit ist der Bogen geschlossen und standfest.

Der Maurer muss noch mit einem weiteren Problem fertig werden. Wie beschrieben, wird ein Kappenflügel schichtweise zwischen Gratlinie der Busung und der Gewölberippe aufgemauert. Da aber die Gratlinie der Busen auf der einen Seite länger ist, als die Kurve der Rippe auf der anderen, können die Schichten nicht in gleicher Höhe durchgemauert werden. Der Maurer muss daher keilförmig sich verjüngende Schichten einfügen.

Würden die Schichten wie sonst üblich in gleicher Ziegelstärke durchgeführt, wäre an der Rippe der Schlussstein schneller erreicht und am Scheitel der Busung würde eine Lücke klaffen. Bei genauer Betrachtung der fertigen Gewölbe ist dieser Ausgleich zu erkennen. Die Gewölbe wurden nicht wie zuvor in Klosterformatstein (Größe etwa 28 × 13,5 × 8,5 cm), sondern in Reichsformat (25 × 12 × 6,5 cm) erneuert, um dem Gebäude, das ohnehin auf wenig tragfähigen Grund steht, keine unnötigen Lasten zuzumuten.

Während die Gewölbekappen Stein für Stein gemauert werden, legt der Maurer die Schalllöcher an, die später mit den Metallsternen abgedeckt werden. Zunächst wird jeweils ein halber Stein mit magerem Mörtel eingesetzt und markiert, um ihn später leichter heraus stemmen zu können, wenn das Gewölbe geschlossen und der Mörtel abgebunden ist. Für die Anordnung dieser Löcher, wählte Polier Scharnweber die nach Osten liegenden Kappen der Mittelgewölbe bekannte Sternzeichen, großer und kleiner Bär und andere.

In den noch weichen Putz der Oberfläche drückte er seine rechte Hand, die sogenannte „schwarze Hand", ein und markierte sie mit Datum und seinem Signum. Die Schalllöcher dienen der Lüftung, aber auch der Regulierung der Akustik, indem der Abstand der mit Draht befestigten Sterne mehr oder weniger verringert wird. Wenn der konische runde Schlussstein eingesetzt ist, bekommt die Unterseite des Gewölbes einen Rapputz, mit dem noch offene Fugen ausgefüllt werden, der aber die Struktur des Mauerwerks erkennen lässt. Danach wird die gesamte Fläche mit Wasser und einem Quast sauber abgewaschen. Zum Schluss führt der Maurer noch einen Anstrich mit Kalkmilch aus, dann kann mit dem Abriss begonnen werden. Wenn alle Gewölbe fertiggestellt sind, muss das ganze Kirchenschiff erneut eingerüstet werden. Die im Mittelschiff zur Sicherung eingebauten Zuganker werden entfernt und der Maler kann den endgültigen Anstrich ausführen.

Mit der Rekonstruktion des ersten Gewölbes wurde am 22. April 1953 in der Südwestecke des ersten Joches am Turm begonnen. Eine feierliche Grundsteinlegung wurde im Beisein von Oberkirchenrat Herntrich, dem späteren Bischof, mit einem Imbiss auf der neu erstellten Empore nach Fertigstellung des ersten großen Mittelschiffgewölbes nachgeholt. Wechselseitig wurde an den drei Gewölben, wie beschrieben, gearbeitet und Mitte Dezember 1953 waren diese Arbeiten abgeschlossen.

Als mit der Abrüstung begonnen und die Stützkonstruktion des ersten Gewölbes gelockert wurde, machte sich bei den am Bau Beteiligten eine große Anspannung bemerkbar, ob die erste Gewölbeerrichtung nach dem Krieg gelungen wäre: Mit

Erleichterung und Freude konnten keine Setzrisse im Gewölbe festgestellt werden. Die große handwerkliche Herausforderung war bestanden.

Der eindrucksvollste und beglückende Augenblick kam, als die drei Gewölbe des ersten Joches ausgerüstet und aus dem Blickwinkel des Kirchenbesuchers betrachtet werden konnten, es gab nur zufriedene Gesichter.

Danach wurde Rückschau gehalten und kritisch über Baufortschritt und Detailfragen beim Gewölbebau debattiert. Bisher fehlte allen die Erfahrung. So wurden Überlegungen angestellt, ob die Zahl der Handwerker für diese Arbeiten erhöht werden sollte, um den Fertigstellungstermin zu verkürzen. Da die acht Handwerker nicht nur die Gewölbearbeiten, sondern auch die Gerüste hierfür umbauten und die Vor- und Nacharbeiten am Mauerwerk ausführten, errechnete sich bei der bisherigen Arbeitsweise eine Dauer von etwa sieben Jahren für die Errichtung der Gewölbe. Um diese Zeit zu verkürzen, wurde der Gewölbetrupp durch vier Maurer und zwei Bauarbeiter der Baufirma Paul Hammers verstärkt, die den Gerüstbau und die Vor- und Nacharbeiten übernahmen, auch den ersten Kalkanstrich.

Als weitere Arbeit kam hinzu, dass auf Anordnung von Bauingenieur Dr. Kuball jeweils nach Fertigstellung eines Mittelgewölbes vier Zuganker aus Rundstahl durch „Anbinden" an das Turmmauerwerk verankert werden mussten, die nach Fertigstellung aller Gewölbe wieder entfernt wurden. Gleichzeitig wurde weiteres Gerüstmaterial beschafft, um weitere Joche einzurüsten. Dies wurde dem landeskirchlichen Bautrupp zur Verfügung gestellt und stand nun zur Errichtung aller zerstörten Gewölbe der drei Hauptkirchen zur Verfügung.

So wurde eine Verkürzung der Bauzeit um fast drei Jahre erreicht.

Für die Denkmalpflege kam es zu einer neuen Entscheidung über die Ausführung der Kreuzrippen. Der Besucher, der heute die Gewölbe auf sich wirken lässt, wird bei genauer Betrachtung – aber nur dann – erkennen, dass im dritten Gewölbe der Nordwestecke am Turm eine Kreuzrippe im mittleren Teil einen leichten Knick hat, augenscheinlich verstärkt durch die unterschiedliche Struktur der neuen ‚alten Profilsteine'.

Dieser Schönheitsfehler ist eine Folge des nicht sehr tragfähigen Erdreichs unter der Kirche. Im Laufe der Jahrhunderte kam es deshalb zur Senkung der Fundamente und damit zur Ausweichungen der Säulen, die sich in die Gewölbestruktur fortsetzten. Zunächst war es das Bestreben, möglichst große Teile des alten Bestandes, also auch der Kreuzrippen, zu erhalten.

Da die Kurve der alten Kreuzrippen infolge der Senkungen flacher war, als die der neu zu errichtenden Rippen zum Schlussstein, ergab sich zwangsläufig ein mehr oder minder erkennbarer Knick. Um diesen möglichst gering zu halten, wurde nun der alte Bestand auf dem Schnürboden aufgetragen, mit der statisch ermittelten Bogenform verglichen und der Abbruch der alten Kreuzrippen von der Bauleitung festgelegt. Danach erfolgte die Übertragung auf die Lehrbögen.

Ein Wölbung konnte nun mit der verstärkten Kolonne fortgeführt und am 11. Oktober 1955 wurde der letzte mit einem Lorbeerkranz geschmückte Schlussstein hochgezogen und eingesetzt. Um einen Schlussstein auf engem Raum, zwischen Lehrbögen und Gerüststangen, an seinem Platz zu bringen, bedarf es der Anstrengung von vier Männern.

Der kreisrunde aus Oberkirchner Sandstein hergestellte Schlussstein wiegt immerhin etwa 75 kg. Die durchbohrten Schlusssteine in Form eines Kegelstumpfes haben im Mittelschiff eine Höhe von 50 cm, einen oberen Durchmesser von 44 cm und einem unteren von 35 cm. Die kleineren Schlusssteine in den Seitenschiffen haben die entsprechenden Maße von 40 cm, 33 cm und 28 cm.

Als der Schlussstein sicher an seinem Platz stand, wurde von Herrn Oberkirchenrat Dr. Herntrich der letzte Stein in das Gewölbe geschlagen. Oberkirchenrat Vogt hielt die Ansprache.

BAURAT VOGT UND OKR HERNTRICH SCHLUSSSTEINÜBERGABE 11.10.1955

Scharnweber   Herntrich

Fotos:Lüden

Scharnweber mit dem Schlußstein St. Katharinen

OKR HERNTRICH   OBERBAURAT VOGT

Fotos: Lüden

Erschienen waren zu dieser kleinen Schlussfeier der Senator Biermann-Rathjen mit Herrn Rumpf von der Senatskanzlei, Vertreter der Hauptkirchen St. Jacobi und St. Nicolai und des Kirchenrates, Herr Professor Grundmann vom Denkmalschutzamt und sonstige interessierte Personen und nicht zu vergessen, die Herrn der Rundfunkstelle und der Presse sowie die Architekten. Zum Abschluss fand im engeren Kreise mit den Handwerkern bei Bier, Schnaps und belegten Brötchen an gedeckten Tischen im Kirchenraum eine kleine Feier statt.

Als im Oktober 1955 die letzten Gewölbearbeiten abgeschlossen, Gerüste und Baubuden abgebaut waren, konnte nach intensiven Vorgesprächen und Übereinstimmung mit dem Denkmalschutzamt die Neugestaltung der Ostfassade mit dem Chorfenster in Angriff genommen werden.

Zu dieser Zeit hatte die starke Bautätigkeit der letzten Jahre zu erheblichen Preissteigerungen geführt, hinzu kamen Materialknappheit und lange Liefertermine. Vorsorglich wurden daher für die nachfolgenden Arbeiten an der Kirche die erforderlichen Mengen an Kupferblech, Bodenplatten und Holz für Gestühl und Innenausbau sichergestellt. Vor Beginn der Ausbauarbeiten müssen zunächst noch die Fundamente für Kanzel und Altar, die Stahlbetonkonstruktion der großen Orgelempore und der westlichen Seitenempore sowie der Fußboden im Kirchenschiff ausgeführt werden. Da eine maschinelle Verdichtung des Untergrundes wegen zu erwartender Schäden am Bauwerk nicht möglich war, musste im gesamten Kirchenschiff ein Unterboden aus Beton mit Baustahlgewebe eingebaut werden. Diese Maßnahme wurde erforderlich, nachdem erhebliche Grabearbeiten für Heizungskeller und -Schächte, Laufgräben und Kabelkanäle auszuführen waren. Die Gebeine aus den alten Grabstätten wurden geborgen und in der Südwand neu bestattet. Eine steinerne Erinnerungsplatte weist darauf hin. Als Bodenbelag wurden Ziegeltonplatten 28,5 × 13,5 × 4,2 cm aus geschnittenen Kloster-Formatsteinen gewählt. Die Verlegung erfolgte erst nach Fertigstellung der Malerarbeiten.

9   Ausbauarbeiten

Der Innenraum der Kirche wurde im Laufe der Jahrhunderte vielfach verändert. Die Reformationszeit entfernte die Mehrzahl der Altäre, in den frei werdenden Flächen wurde weiteres Gestühl aufgestellt, später wurden Emporen eingebaut, Epitaphien errichtet, Bilder und Gedenktafeln aufgehängt. Im Jahre 1943 wurden die Orgel, die Kanzel mit ihren Apostelfiguren und der Altar zerstört. Von der Ausstattung blieben nur zwei Epitaphien, die während des Krieges eingemauert waren, erhalten. Die neu entstandene Kirche hat nichts mehr von dem geheimnisvollen Dunkel gotischer Kirchen. Der Raum ist nun klar und übersichtlich. Die Fenster der Nord- und Chorwand wurden herabgezogen, die Gewölbe und Wände weiß gekalkt, womit ein Übriges getan wurde, um den Raum ganz licht erscheinen zu lassen.

Die Architekten verzichteten auf eine Ausschmückung in der vertrauten barocken Weise. Sie beauftragten moderne Künstler mit der Gestaltung der farbigen Glasfenster und der Ausstattung.

St.Katharinen
Gloriafenster
H.G. v. Stockhausen
1955-1957

Der Esslinger Künstler Hans Gottfried von Stockhausen schuf 1955 das große farbige Chorfenster, das sogenannte Gloriafenster.

Oben: das angebetete Lamm und die offenen Tore des neuen Jerusalems, Ziel aller Geschichte

Mitte: die 24 Ältesten beten und loben.

Unten: der Weihnachtsengel über der Krippe,

Inschrift: Gestiftet vom Senat der Freien und Hansestadt Hamburg anlässlich des Wiederaufbaus. 4. November 1956

[H.G. v. Stockhausen]

1959 erfolgte der Einbau des Tauffensters im Westgiebel des nördlichen Seitenschiffes in der Taufecke.

Dargestellt die Taufe Jesu durch Johannes den Täufer, verbunden mit dem Sündenfall von Adam und Eva.

Etwa zur gleichen Zeit das Weihnachtsfenster an der Nordwand, 5. Joch von Westen.

Dargestellt Maria mit dem Kinde und Verkündigung an die Hirten.

Vor dem Chorfenster hebt sich der Altar - ein Werk des Bildhauers Otto Münch aus Zürich -getrennt durch ein feingliederiges schmiedeeisernes Gitter. Der wieder aufgebaute Kirchenraum, der alle Merkmale der Gotik trägt, wurde zu einem Raum unserer Zeit.

Bekanntlich hat die dreischiffige Kirche einen siebenseitigen Ostabschluss, ohne besonderen Chorraum. Die um drei Stufen erhöhte Chorfläche wird begrenzt durch das schmiedeeiserne Ziergitter zwischen den Grundpfeilern, ausgeführt von dem Schlossermeister Gustav Timm. An der Rückseite, hinter dem Altar, ist im Gitter eine Kanne eingefügt, deren Bedeutung kaum bekannt ist:

Die Wiederaufbauarbeit an der Katharinenkirche war zu Beginn der fünfziger Jahre in Angriff genommen, die Kirchenruine hatte nun ein Dach. Aber die Finanzierung weiterer Arbeiten wurde immer schwieriger, der mutig begonnene Wiederaufbau in Frage gestellt. Zu der Zeit verbrachte der damalige Hauptpastor Dr. Herntrich seinen Urlaub im kircheneigenen „Haus Michael" in Kampen auf Sylt.

Bei einer Begegnung mit namhaften Persönlichkeiten der bekannten Begegnungsstätte „Restaurant Kupferkanne" wurde dem Hauptpastor im Laufe des Gesprächs von einem Industriellen aus dem Rheinland Unterstützung für den Wiederaufbau der Kirche zugesagt. Schon bald wurde ein Betrag von dreiviertel Million D-Mark zur Verfügung gestellt und die Arbeiten nahmen ihren Fortgang. Daran erinnert die Kupferkanne in dem Abschlussgitter.

Ende 1955 waren die Mauerarbeiten an der Ostfassade zum Abschluss gekommen und mit der Verglasung der Fenster konnte begonnen werden. Ausführung derselben in Danziger Antikglas, in 20 mm breiter Sprossenaufteilung, mit Windeisen verstärkt. Die Franz Maier'sche Hofkunstanstalt in München begann mit der Ausführung der farbigen Fenster nach Entwurf und künstlerischer Bearbeitung von H. G. von Stockhausen.

An Rohbauarbeiten im Inneren waren noch die Stahlunterkonstruktion für die Altarpredella, die Stahlbetonarbeit für die Kanzel und der Ausbau der Winterkirche unter der Orgelempore durchzuführen. Aber auch eine unerfreuliche Maßnahme ist zu verzeichnen. Das nördliche Drittel der Stahlkonstruktion der großen Orgel musste abgebrochen werden, nachdem der Entschluss gefasst wurde, die Winterkirche zugunsten einer Taufapside zu verkleinern. Hier fand später der von Bildhauer Oskar Ulmer in schlichter Form aus Muschelkalk geschaffene Taufstein seinen Platz und das „Tauffenster" von H. G. von Stockhausen wurde eingebaut. Anfang Januar 1956 wurde vom Bezirksbauamt der Gebrauchsschein ausgestellt.

Mitte November 1955 konnten von den neu aufgestellten Gerüsten im Gewölbe vorsorglich eingebaute Zuganker ausgebaut und mit den Maurerarbeiten an der Chorwand begonnen werden. Später konnte die Firma Otto Schmarje mit dem Malerarbeiten beginnen. Die Gewölbekappen wurden mit Kalkmilch gespritzt, um die Struktur des Mauerwerks zu erhalten, die Wandflächen mit Kalkfarbe auf Bindergrundierung gestrichen. Zu diesem Kompromiss war es gekommen, nachdem Professor Grundmann sich gegen jeglichen Binderanstrich gesträubt hatte. In monatelangen Versuchen hatte sich gezeigt, dass Kalkfarbenanstriche auf dem alten Mauerwerks durch verschiedene Salzausblühungen schon bald zerstört wurden. Auch Anstriche mit Produkten verschiedener Firmen hatten zwar ein besseres, jedoch kein zufriedenstellendes Ergebnis gebracht. Das Problem des Anstrichs in den mittelalterlichen Kirchen, so auch in der Katharinenkirche, ist bis heute auch nach neuerer Ausmalung nicht gelöst, wie eine Besichtigung 1987 ergab.

Nach Verlegung des Ziegelfußbodens konnten die Ausbauarbeiten fortgeführt werden und bis zum Reformationstag am 31. Oktober 1956 wurde das neue Gestühl - ausgeführt von der Tischlerei W. u. G. Schweimler -, Altar und Kanzel (noch ohne Schnitzarbeit) und der Taufstein aufgestellt. Die Handwerker, wie Elektriker, Heizungsmonteure, Akustikfachleute, Tischler und Maler führten im Kirchenschiff die letzten Arbeiten aus.

Am Reformationstag, noch vor der feierlichen Einweihung, fand ein Jugendgottesdienst in der wieder erstandenen Hauptkirche St. Katharinen statt, in dem das Wirken des Reformators Martin Luther deutlich gemacht wurde. Dieser erste Gottesdienst diente auch gleichzeitig der Funktionsprüfung aller Anlagen, insbesondere der Beleuchtung und der Lautsprecher.

Am 4. November 1956 fand der feierliche Einweihungsgottesdienst statt. Dem Festgottesdienst ging eine symbolische Handlung voran, auf einem Samtkissen überreicht Architekt Bernhard Hopp dem Hausherrn, Landesbischof Professor D. Herntrich, den Kirchenschlüssel.

ARCHITEKTEN RUDOLF JÄGER UND BERNHARD HOPP SCHLÜSSELÜBERGABE
EINWEIHUNG ST. KATHARINEN 04.11.1957

HOPP   BLUM   2692/5

Dann zog die Hamburgische Geistlichkeit zum Weihegottesdienst in das Kirchen-schiff ein. Bürgermeister Dr. Sieveking, die meisten Senatoren und viele führende Männer Hamburgs nahmen am Gottesdienst teil, darunter der Bürgerschafts-präsident Schönfelder, Bürgermeister Engelhard und Bürgermeister a.D. Brauer.

„Das steingewordene Zeugnis von St. Katharinen sollte den heutigen Menschen Mut geben. Die Gemeinde brauche keine Mitläufer, sondern Kämpfer", waren die Worte des Bischofs, selbst ein unermüdlicher Kämpfer, der Spiritus Rector und die treibende Kraft in den Aufbaujahren war.

Mit den Worten: „Gott gebe, dass sein St. Katharinen ein Symbol des Friedens bleibe", schloss er die Festpredigt.

Im Anschluss an den Festgottesdienst gab Bürgermeister D. Sieveking im Rathaus einen Empfang, der die Bedeutung dieses Weihetages für Hamburg unterstreichen sollte.

RHEINLÄNDER 63/1276

RHEINLÄNDER 64/1066

Foto: Rheinländer

Neue Kemper-Orgel nach 1962   Foto: Hettchen

Es wurde bereits erwähnt, dass die Ausstattung der alten Kirche im Kriege bis auf zwei Epitaphien zerstört wurde. Die von den Erben des niederländischen Emigranten Dominikus von Uffeln gestiftete und von Maximilian Steffens geschaffene Kanzel war während des Krieges mit einer Schutzmauer gesichert. Die leicht beschädigte Kanzel wurde nach Kriegsende, angeblich durch einen geistesgestörten Einbrecher, mit einem schweren Gegenstand zerstört, so dass an eine Wiederherstellung nicht gedacht werden konnte.

Bis zur Einweihung konnten fertiggestellt werden:

Die neue Kanzel aus Eichenholz im Rohzustand. Die nach einem Entwurf des Bildhauers Otto Münch, Zürich geschnitzten Relieftafeln an der Brüstung des Kanzelkorbes und der Treppen folgten 1958: Darstellungen aus dem Alten und Neuen Testament und Reliefs von den vier Evangelisten und drei Propheten.

Der Altar mit dreiteiligem Altarrelief und Predella, schwedischer Muschelkalk und vergoldete Bronze, ebenfalls von Otto Münch.

Predella: Austreibung aus dem Paradies.

Links: Maria Magdalena entdeckt das leere Grab.

Rechts: Der ungläubige Thomas, das Brotbrechen zu Emmaus.

Mitte: Die Ausgießung des Heiligen Geistes zu Pfingsten.

Auf dem Altar steht das Nagelkreuz Coventry, ein Zeichen der Versöhnung zwischen dem deutschen und dem englischen Volk.

Der Taufstein in schlichter runder Form aus Muschelkalk von Oskar Ulmer aufgestellt in der Taufecke im nord-westlichen ersten Jochabschnitt.

Das spätromanische Kruzifix, aufgehängt im südlichen Seitenschiff, angeblich aus dem Augsburger Dom stammend. Ein hölzernes Kreuz mit Vergoldung nach Entwurf von Hans Kock, Hamburg.

Die Figur der Heiligen Katharina aus Holz in farbiger Fassung, aus der ersten Hälfte des 15. Jahrhunderts. Die Heilige in aufrechter Haltung stehend, mit gerafftem Mantel und Krone, zur Linken großes Rad; 1953 gestiftet von A. Brinkmann, angebracht an der Südwand.

Das Epitaph Georg von der Fechte (gestorben 1630), aus Marmor, geschaffen von Maximilian Steffens am vierten nördlichen Pfeiler (v.W.)

Das Epitaph Senator Caspar Moller von 1618 aus Sandstein, Marmor und Alabaster, an der südlichen Chorseite angebracht.

St. Katharinenkirche, Epitaph Senator Caspar Müller, † 1611, Errichtet 1618

St. Katharinenkirche, Epitaph Georg von der Trecke, † 1610, von Maxim. Steffens

Beide Epitaphien wurden trotz Einmauerung beschädigt, nach Kriegsende abgenommen und von Oskar Ulmer wiederhergestellt.

Nach der Einweihung erhielt die Kirchengemeinde aus dem Museum für Hamburgische Geschichte das Epitaph der Familie Wetken, das beim Brand der Nikolaikirche 1842 erhalten geblieben war. Der Bürgermeister Hermann Wetken hatte es zum Andenken an seine beiden früh verstorbenen Söhne 1564 errichten lassen. Es erhielt eine neue farbige Fassung und wurde an der Nordwand der Kirche angebracht.

St. Katharinenkirche, Epitaph Familie Wetken, ebem. in der St. Nikolaikirche, errichtet 1566

Seit 1958 Pamir Gedenktafel, darüber schwebender Albatros, von Gerhard Marcks, Köln. Die Tafel verzeichnet die Namen der 80 Toten, die bei dem Untergang des Segelschulschiffes Pamir am 21. September 1957 auf See geblieben sind. Angebracht im zweiten Joch v.W. im Nordschiff.

Seit 1972 an dieser Stelle der „Harfende David" aus Bronze, geschaffen von Karl-Heinz Engelin. Die Pamir Gedenktafel erhielt einen neuen Platz in der Turmhalle.

1958-59 Chorgestühl aus Eichenholz, zwölf geschnitzten Relieftafeln an der Rückenwand von Otto Münch. Dargestellt die Wunder Jesu.

1961-62 Neubau der großen Orgel durch die Firma E. Kemper und Sohn, Lübek, Dispositionsentwurf von Organist Thomas Dittmann, Prospektgestaltung Architekt Bernhard Hopp, in Anlehnung an den 1943 zerstörten Barockprospekt.

1963 Südportal „Ecce Homo" -sehet, welch ein Mensch- in Bronze von Fritz Fleer, Hamburg 1983 Leib-Christi-Altar aus brüniertem Eisen von Helmut Landner, Darmstadt, im Nordschiff des Chores.

1984 Chororgel, Bau und Disposition Detlef Kleuker, Brackwede. Intonation Fritz Blomingen, Prospekt Fritz Gröne.

Ferner sind zu nennen:

Gedenktafel für den Arzt und Dichter Paul Flemming (1609-1640).

Grabstein Friel 1692, letzter Grabstein vom Katharinen-Kirchhof. An der Rückwand des Altars ist in gemalten Buchstaben die Geschichte der Kirche abzulesen.

Heilige Katharina von 1630, Sandstein, vom alten Schulbau an der Südseite des Turmes.

Foto: Heinz-Joachim Hettchen

11 Die Anbauten an der Südseite der Kirche

Während der feindlichen Fliegerangriffe im Juli 1943 wurde nicht nur die Kirche der Katharinengemeinde zerstört, sondern im Feuersturm auch die schönen Pastorenhäuser an der Westseite der Kirche und die Anbauten an der Südseite. Das neugotische Schulgebäude und der barocke Sakristeianbau brannten aus.

Das Schulgebäude war 1829-31 errichtet worden (Architekt H. W. Burmester, Maurermeister B. G. Reichardt).

Durch Beschluss des Kollegiums von 1887 wurde der Schulbetrieb hier eingestellt und die Räume zu Wohnungen umgebaut. Der Barockanbau (Baumeister Johannes Kopp) mit der unteren Sakristei und dem Kirchensaal im Obergeschoss wurde 1791-92 errichtet. Die Fassade blieb bis 1943 unverändert erhalten.

Anfang des Jahres 1951 hatte die Hamburgische Kirche als eine der ersten Landeskirchen in Deutschland die beiden großen Zweige christlicher Liebestätigkeit, die Innere Mission und das aus der Not der Nachkriegszeit erwachsende Evangelische Hilfswerk, organisatorisch zusammengefasst. Seit dem Anfang arbeitet das Landeskirchliche Amt für Gemeindedienst als Hamburgs Diakonisches Zentrum. Es galt nun, für diese Einrichtung eine Arbeitsstätte unter einem gemeinsamen Dach zu schaffen. Im März 1952 teilte Oberkirchenrat Herntrich dem Architekten Bernhard Hopp in einem persönlichen Gespräch mit, dass die Südhäuser der Katharinenkirche für das Amt ausgebaut werden sollten. Die ersten Baumittel standen zur Verfügung.

Planung und Verhandlungen mit dem Denkmalschutzamt und Stadtplanungsamt konnten beginnen.

Im August wurde die Zustimmung gegeben zu einem Entwurf mit kupferbekleidetem dritten Geschoss, der alte Barockanbau gegen den Neubau durch eine stark verglaste Zwischenzone abgesetzt, um die Sicht auf das dahinterliegende Südportal der Kirche zu gewährleisten. Gewünscht wurde der Einbau des großen Renaissanceportals am Westende des Neubaus.

Am 1. September 1952 konnten die Architekten Hopp und Jäger die Bauanzeige einreichen.

Zuvor war bereits mit Probebohrungen und Freilegung der Fundamente begonnen, die infolge der höheren Belastung durch die dreigeschossige Bebauung erforderlich wurden.

Da die Räume des Hilfswerks zum 01.04.1953 gekündigt waren, mussten hier, wegen der Dringlichkeit, sehr kurze Fertigstellungstermine vereinbart werden, die an die Firmen große Anforderungen stellten.

Ende September 1952 konnte die Baufirma Paul Hammers mit der Baustelleneinrichtung und der Bohrpfahlgründung beginnen. Schon bald zeigte sich, dass nicht alle Bohrpfähle zeichnungsgemäß eingebracht werden konnten. Unter den Strebepfeilern und Längswänden der Kirche waren von den Erbauern Granitfindlinge mit Kantenlängen von bis zu 2 m zur Verdichtung des Untergrundes eingebaut, die so weit in die neue Baugrube hineinreichten, dass die Pfähle nicht ohne Durchbohrung der Findlinge an den vorgesehenen Stellen eingebracht werden können. Mit Genehmigung der Bauprüfabteilung wurden Schüttbetonpfähle System „Grasbrook" mit einer Belastbarkeit bis zu 50 t Einzellast eingebaut, um die durch größere Spannweite entstandenen höheren Lasten aufzunehmen.

Mit den Maurerarbeiten konnte Ende Oktober begonnen werden, die zeitweilig durch Schneeverwehungen und Frost beeinträchtigt wurden. Trotzdem konnte am 5.1.1953 das Richtfest gefeiert werden.

Ausführung des Fassadenmauerwerks in roten Handstrichsteinen, hell verfugt, das dritte Geschoss mit Kupfer verkleidet. Am westlichen Eingang zur Kirche und zu den Büroräumen wurde das 1941 aus dem Kaufmannshaus Katharinenstraße 8 geborgene Renaissance- Sandsteinportal eingebaut.

St. Katharinenkirche, Nordseite, Portal von 1642
(vom Hause Kl. Reichenstr. 9)

St. Katharinenkirche, Südseite, Portal um 1640
(vom Hause Katharinenstr. 8)

Foto: Landesbildstelle

Für das Flachdach wurde eine Stahlbetonkonstruktion mit einer Abdichtung aus Naturasphaltmastix gewählt.

Mit dem Einzug in die neuen Räume (740 m² Nutzfläche) konnte trotz der Behinderungen termingemäß am 30. März 1953 begonnen werden.

Am zweigeschossigen Sakristeianbau wurden die Schäden behoben, die Fassade von Brandschäden gesäubert und die Sprossenfenster erneuert. Der stumpfwinklig gebrochene Grundriss erhielt ein hohes Pultdach mit Dachziegeleindeckung. Fertigstellung mit Innenausbau Ende 1953.

Der sogenannte Turmanbau, im Winkel zwischen Turm und südlichen Seitenschiff, wurde in der Zeit von Juli 1954 bis August 1955 ausgeführt. Vor Baubeginn wurde ein Grundstückstausch von etwa 50 m² zwischen der Hansestadt Hamburg und der Kirchengemeinde vorgenommen, da die Gebäudeecke sonst in öffentlichen Grund hineinragen würde.

Bereits vor der Baugenehmigung begann die Baufirma Paul Hammers mit der Bohrpfahlgründung. Wie schon bei dem ersten Bauabschnitt der Südanbauten gab es auch hier erhebliche Behinderungen. Die letzten Bohrpfähle vor dem Westgiebel des südlichen Seitenschiffes der Kirche waren nicht einzubringen. Das Fundament musste umgeplant und von der Bauprüfabteilung genehmigt werden. 6.10.1954 wurde die Baugenehmigung für den Turmanbau erteilt. Von den Auflagen sowie den Anregungen zur Auflockerung der recht gleichförmigen Front wurde in Abstimmung mit dem Denkmalschutzamt beschlossen, die Sandsteinfigur der heiligen Katharina vom ehemaligen Schulbau nicht in einer Fensternische des Neubaus anzubringen, sondern mit einem Baldachin versehen an der Südwestecke des Turmes. Auf Sprossenfenster wurde verzichtet. Zugestimmt wurde der Höherlegung des Dachfirstes um 85 cm. Das hatte zur Folge, dass nun die Dachlast mit der geplanten Pfannendeckung von den bereits ausgeführten Fundamenten nicht aufgenommen werden konnte. Die Eindeckung des Daches erfolgte daher in Kupfer. Der Bau mit 285 m² Nutzfläche mit Büros, Kantine und Küchenanlage dient kirchlichen Zwecken.

12 Der Turm

Marquardt-Turm

Hopp & Jäger – Entwurf

Der Turmhelm ist der Form nach eine Nachbildung des historischen Turmes von Peter Marquardt, mit den drei Welschen Hauben (auch Zwiebeln genannt), getrennt durch die achtseitigen Laternengeschosse mit Rundbogenöffnungen und Balustraden. Jedoch wurden die Hauben durch eine stärkere Wölbung der Außenrundung ausdrucksvoller betont. Die schlanke achtseitige Turmspitze erhielt wieder die vergoldete kupferne Krone, im Volksmund Störtebekerkrone genannt.

Die Wetterfahne wurde durch eine neue 4,40 m hohe Figur der Heiligen Katharina aus vergoldetem Kupfer, über eine Kugel von 80 cm Durchmesser und 1,20 m Höhe drehbar gelagert, nach einem Entwurf von Bernhard Hopp ersetzt.

Der Kirchturm erreichte damit eine Höhe von 116,70 m. Die gerettete, ehemalige Figur der heiligen Katharina auf der Spitze des Ostgiebels wurde danach nicht wieder aufgestellt. Das Gerüst des Turmhelms wurde wegen der bestehenden Brandgefahr nicht wieder in Holz, sondern in einer Stahlkonstruktion errichtet, die Geschossdecken in Stahlbeton. Eine formgerechte Aufformung aus Kanthölzern mit Abdeckung aus 3 cm gespundeter Schalung erbrachte die äußere Form des Helmes. Die Profile der einzelnen Gesimse, die wegen der zunehmenden jeweiligen Höhe in den Profilen voneinander abweichen, wurden anhand von Modellen in natürlicher Größe an Ort und Stelle überprüft. Die Dacheindeckung erfolgte in Kupferblech 0,8 mm auf zwei Lagen Dachpappe.

Mit den Wiederaufbauarbeiten des Turmhelms konnte im Mai 1956 begonnen werden, nachdem die Konstruktionen und Vorhaltemaßnahmen im Inneren des Turmschaftes durchgeführt und das Notdach wieder abgebaut waren. Ein Lastenaufzug wurde eingebaut, Arbeitsgerüste und Leitergänge, Schutzdächer, nicht nur im Inneren, sondern auch außerhalb des Turmes und eine Überdachung der Straße an der Nordseite. Hier sollte erwähnt werden, dass die von der Berufsgenossenschaft und Abteilung Bauarbeiterschutz der Baubehörde, aber ganz im Sinne der Bauleitung, auferlegten umfangreichen Sicherungsmaßnahmen weit über das übliche Maß hinausgingen, um schwere Unfälle zu verhüten. Man konnte nach Abschluss aller Arbeiten dann feststellen, dass diese Unfälle nicht eingetreten sind, – und das trotz der gefährlichen Arbeit – bei zeitweiligem Zweischichtbetrieb bis in die späten Abendstunden, um die gesetzten Termine einzuhalten.

Im Inneren und Äußeren des Turmmassivs mussten etliche Kubikmeter Mauerwerk ausgewechselt und erneuert werden. Ein 71/100 cm starker Stahlbetonringanker als Auflager und zur Verankerung der Stahlkonstruktion des Turmhelms und Stahlbetondecken anstelle der bisherigen Holzkonstruktion wurden eingebaut.

Zwischenzeitlich wurden die Ausschreibungen und die Auftragsverhandlungen mit den Unternehmern durchgeführt.

Umfangreiche Schutz- und Arbeitsgerüste für den Turmbau führten die Firmen Mannesmann-Leichtbau und der Leitergerüstbetrieb Johannes Burczak, vertreten durch den technischen Leiter Walter Rosenkranz, durch.

Den Auftrag für die Stahlbeton und Maurerarbeiten erhielten die Firma Paul Hammers Stahlbetonbau, für die Holzkonstruktion der Zimmermeister Hugo Döpking und für die Stahlkonstruktion des Turmes die Carl Später GmbH im Juli 1955.

Statische Berechnungen, detaillierte Ausführungspläne, Werkstattarbeiten und umfangreiche Prüfungen durch die Bauprüfabteilung und das eingeschaltete Ingenieurbüro Kuball & Kölling, am Bau durch den Diplom-Ingenieur Kurt Schwarz vertreten, beanspruchten eine Zeit bis November 1955, dann konnte mit den weiteren Arbeiten und der Montage des Turmhelms begonnen werden. Das Vermessungsamt wurde eingeschaltet und brachte an den vier Ecken des Turms Höhenbolzen an und führte vierwöchentlich ein Feinnivellement durch, um eventuelle Veränderungen während des Aufbaus festzustellen.

Für die Stahlkonstruktion des Turmhelms wurden Baustahl und für die Eindeckung 22,5 Tonnen Kupferblech benötigt. Die sichtbaren Teile der Stahlkonstruktion wurden nach den Richtlinien der Bundesbahnvorschriften mit Rostschutzfarbe gegen Witterungseinflüsse geschützt. Die Kanthölzer der Konstruktion sowie die Gesimsprofilhölzer wurden durch das Vakuum-Kesseldruckverfahren imprägniert, die Dachschalung im Spritzverfahren, die sichtbaren Holzteile im Innern zusätzlich mit einem schaumschichtbildenden Mittel gegen Feuereinwirkung gestrichen.

Fotos: Lüden

Fotos: Lüden

Fotos: Lüden

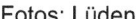

Fotos: Lüden

Foto:Lüden

Foto Lüden

Foto: Lüden

Am 11. Juli 1956 fand mit den Handwerkern, Vertretern der Behörde und geladenen Gästen die Richtfeier an der Kirche statt. Im Anschluss daran wurde im Kirchenraum ein kleiner Imbiss gereicht. Dabei passierte folgendes Missgeschick.

Herr Bischof Herntrich hielt die Ansprache und lud danach zum Imbiss ein. Es waren aber nicht nur geladene Gäste auf dem Festplatz vor dem Haupteingang, sondern viele Zuschauer aus den umliegenden Büros hatten sich eingefunden, die nun ebenfalls von der Einladung Gebrauch machten. Das führte zu einigem Durcheinander an der gedeckten Tafel, denn nun mussten schnellstens in den benachbarten Geschäften die fehlenden Würste und Getränke beschafft und auch zusätzliche Sitzmöglichkeiten geschaffen werden. Für Küster und Bauleitung keine leichte Aufgabe.

12.1 Richtspruch zur Feier am Turm (11.7.1956)

Hier stehen wir nun nach altem Brauch
und freu'n uns dieses Bauwerks auch,
das schon begonnen vor Jahresfrist
und heute nun gerichtet ist. Mit Gunst und Verlaub !

Nun steht der Turm in seiner Pracht,

den wir alle mit Mühe, Fleiß und Bedacht

haben so schnell hoch gebracht.

[6])

Hoch oben aus dem Turme blickt die Lichtkrone so herrlich ausgeschmückt,

die Krone, die unseren Kirchturm ziert,
bezeugt, dass wir den Bau gut ausgeführt.

So möcht ich nun die Herren der Stadt und der Kirche fragen,

wie Ihnen tut unser Bauwerk behagen?

Da unser Turm für gut ist befunden,

so lasst uns alle damit bekunden,

dass wir zusammen die Stimme erheben,

unsere verehrten Bauherren sie sollen leben.

Hoch, Hoch, Hoch

Das dritte Glas nehm ich zur Hand und gebe damit unseren Wunsch bekannt:

Stolz soll der Turm die Stadt überschauen

und lange Jahre alles Unheil überdauern.

So wünsch ich denn jetzt und zu aller Zeit

diesem Bauwerk eine lange Beständigkeit.

---

[6] An dieser Stelle wird der Kranz nach oben gezogen, während der Posaunenchor bläst.

Zum zweiten nehme ich das Glas zur Hand
und bringe ein Hoch dem Handwerker- und dem Gelehrtenstand.
Hoch, Hoch, Hoch !

Weil Scherben ja bedeuten Glück,
so werfe ich dieses Glas zur Erde
wo es soll zerspringen
und tausendfachen Segen bringen.

Fotos: Lüden

STEINFATH   HERNTRICH   JÄGER   HOPP   11.07.1956

HERNTRICH   ARCH. B. HOPP 11.07.1956

ARCH. R.JÄGER   VOLKMAR HERNTRICH 11.07.1956

Fotos: Lüden

HERNTRICH   BÜRGERMEISTER SIEVEKING   11.07.1956

Dr. KUBALL JÄGER SIEVEKING HERNTRICH

Fotos: Lüden

Fotos: Lüden

Fotos: Lüden

Bis in das Frühjahr des Jahres 1958 waren noch umfangreiche Instandsetzungsarbeiten und Ausbauarbeiten durchzuführen, die mehrfach im Winter unterbrochen werden mussten. Bisher waren nur die für die Verankerung des Turmhelms notwendigen beiden oberen Stahlbetondecken im Turmschaft erstellt worden. Es folgten die übrigen und die aus Feuerschutzgründen zu erstellenden Stahlbetondecken im Turmhelm. Die Firma Karl Schweckendieck, Inhaber A.u.B. Bäucke, führten die umfangreiche stählerne Treppenanlage mit Podesten und die Leitergänge aus.

Im Turmhelm wurde auf eine geplante Wendeltreppenanlage verzichtet, in den offenen Geschossen wurden lotrecht stehende Sprossenleitern an den Säulen angebracht. Feuerschutztüren und Klappen mussten eingebaut werden.

12.2 **Turmbauphasen 25.08.1956-22.12.1957**

Fotografen: Unbekannt

24.9.56
3

16.1.57
27

16.1.57
28A

9.4.57
24

16 A
22.6.57

24.9.56
3

Am 22. Dezember 1957 fand im Hauptgottesdienst die Weihe des Turmes und der Glocken von St. Katharinen statt. Die Arbeiten zur endgültigen Fertigstellung gingen weiter. Die umfangreichen Schäden am Mauerwerk im Innern konnten nur im Stundenlohn vergeben werden, diese waren für einen Festpreis nicht erfassbar. Das Außenmauerwerk musste total überholt, die Sandsteingewände und -Ecken entweder ausgebessert oder erneuert werden. Fenster, Türen und Luken führte die Tischlerei W. u. G. Schweimler, Inhaber Heinze & Sohn, aus. Eine Feuerlösch-leitungsanlage bis in den Turmhelm wurde zum Zwecke der Brandbekämpfung eingebaut, ein Wasserbehälter aufgestellt. Uhr und Zifferblätter mussten instand-gesetzt und restauriert, der Glockenstuhl und die Glockenläuteanlage mussten aufgestellt und eingebaut werden. Der Elektromeister Herbert Herford führte die Elektroarbeiten aus, der Malereibetrieb Martin Hinsch die Malerarbeiten. Ein geplanter und bereits in Auftrag gegebener Personen-Aufzug im Turm musste aus Finanzierungsgründen zurückgezogen werden.

Foto: Lüden

Foto: Lüden

Fotos: Lüden

Es soll nicht unerwähnt bleiben, dass auch für die Turmfalken etwas gemacht wurde. Falken hatten bis zur Zerstörung der Kirche im Gebälk genistet. Nun wurden Nistmöglichkeiten in den offenen Geschossen des Turmhelms eingebaut, in der Hoffnung, dass diese von den Vögeln angenommen würden. Während der Bauzeit wurde nur ein fluguntauglicher Turmfalke eingefangen und dem Tierheim übergeben.

Auch von einem menschlichen Schicksal soll berichtet werden. Im Juli 1957 wurde der Fernsprechautomat in der Turmhalle aufgebrochen und das Geld entwendet. Der Polier Jürs erstattete Anzeige bei der Kriminalpolizei. Kurz darauf fanden Handwerker auf dem Tisch der Baubude einen Abschiedsbrief und die Uhr des Zimmerers V., der unter anderem angab, dass er den Automaten aufgebrochen habe. Der Zimmerer hatte Wochenlohn und Urlaubsgeld erhalten und beides vertrunken. Im betrunkenen Zustand hat er dann die Automaten aufgebrochen und das Geld zum Weitertrinken verbraucht. Nach längerem Suchen wurde er in einem Zwickel des Gewölbes entdeckt, war aber nicht zu bewegen, aus seinem Versteck herauszukommen. Dies gelang erst, als die Feuerwehr alarmiert wurde.

Die Firma Paul Hammers hat von einer Entlassung abgesehen, da V. bisher als tüchtiger Handwerker einen guten Ruf hatte und er sich bei der Polizei bereit erklärt hat, den entstandenen Schaden zu ersetzen. Er wurde nach Beendigung seines Urlaubs wieder an der Baustelle eingesetzt.

13 Wiederaufbaukosten

13.1 Kirchenschiff mit Einschluss des Notdaches

Maurer- Beton, Zimmererarbeiten, Gerüste	DM 790.093,36
Wasserinstallation	3.259,80
Dachdecker- Klempnerarbeiten, Blitzschutz	63.300,05
Tischlerarbeiten	72.455,31
Steinmetzarbeiten	47.322,91
Schlosserarbeiten, Stahlkonstruktionen	57.068,60
Elektroinstallation, Akustikanlage	27.186,42
Glaser Arbeiten	71.140,30
Heizungsanlage	36.934,63
Malerarbeiten	19.976,47
Südanbau, Umbuchung , Verschiedenes	101.050,89
Einrichtungen, Ausstattungen	250.320,50
Noch nicht ausgeführte Nachtragsaufträge und zur Abrundung	27.461,81
Reine Baukosten	1.567.571,05
Nebenkosten	152.428,95
Gesamtkosten	**DM 1.720.000**

13.2 Wiederaufbaukosten des Turmes

I. Arbeiten aus Mitteln des Staates

Einrichtung der Baustelle	DM 50.469,19
Stahlkonstruktion des Turmhelms	159.570,00
Stahlbetonarbeiten, Massivdecken, Verankerungen	164.534,80
Zimmererarbeiten	208.700,82
Dachdeckerarbeiten	250.549,16
Turmspitze	28.880,00
Blitzschutzanlage	1.275,00
Arbeitsgerüste	161.416,60
Treppenanlage (Schlosserarbeiten)	16.511,35
Schutzanstriche, Maler- und Glaserarbeiten	16.048,25
Werksteinarbeiten, Außenmauerwerk	59.325,31
Innenmauerwerk	23.156,10
Tischlerarbeiten	15.481,00
Elektrikerarbeiten	2.777,02
Feuerlöschanlage	25.426,52
Baunebenkosten	103.745,32
Gesamtkosten	**DM 1.304.936,52**

II. Aus Mitteln der Hamburgischen Landeskirche

Glocken, Glockenstuhl, Läuteanlage	**DM 101.079,16**

14 Erläuterungen zu Begriffen

14.1 Allgemeine Stilkunde und Fachwörter

Apsis (Abside)	Der meist halbrunde Abschluss des Chores in der Kirche
Altar	besteht aus Altarplatte (Mensa) und hat Tisch- oder Blockform. Künstlerische Ausstattung trägt der Altaraufsatz (Retabel). Die Gotik entwickelt den Flügelaltar mit Altarschrein aus Holz oder Stein mit angesetzten Holzflügeln
Arkade (Arkatur)	Bogenreihe auf Pfeilern oder Säulen; Bogengang
Attika	Mauerzone über dem Gesims der Säulenreihe
Aufgehendes Mauerwerk	oberirdisches, d.h. sichtbares Mauerwerk
Basilika	Kirchenbau, dessen Mittelschiff höher ist als die Seitenschiffe und durch eigene Fenster beleuchtet. Wenn im Mittelschiff keine eigenen Fenster, dann Pseudobasilika
Basis	Fuß einer Säule
Blendarkade	Blendbogen
Busig, gebust	Scheitel der Gewölbekappen übersteigt den der Gurtbögen
Chor	Abschluss des Kirchenraumes, meist erhöht, Platz für den Hauptalter
Dienst	in der Gotik, dünne Halbsäule, die sich nach oben in der Gewölberippe fortsetzt
Empore	Zwischengeschoss in der Kirche (für Orgel und Sänger)
Epitaph	Erinnerungsmal für einen Gestorbenen (nicht Grabmal) an der Kirchenwand oder am Kirchenpfeiler
Fassung	ist die Bemalung und Vergoldung eines Holzbildwerks durch den Fassmaler
Filiale	Gotisches Ziermotiv. Bekrönung des Strebepfeilers in Form eines Türmchens
Gewände	Umfassung einer Tür- oder Fensteröffnung
Gewölbe	bogenförmiger Abschluss eines Raumes nach oben, gemauert oder gegossen, massiv, d.h. gleichmäßig dick oder durch Rippen verstärkt
Grat	scharfe Kante, Schnittlinie der Gewölbekappen

Gurtbogen	gewölbte Mauerrippe (Verstärkungsbogen zwischen zwei Pfeilern)
Halbsäule	halbe Säule, gleichzeitig mit der Mauer ausgeführt
Hallenkirche	Kirchenraum, bei dem im Gegensatz zur Basilika Hauptschiff und Seitenschiffe gleich hoch sind; kennzeichnend für die deutsche Backsteingotik
Joch	Gewölbeabschnitt, der durch Gurte und Stützen von den benachbarten Gewölbeabschnitten abgegrenzt ist.
	Im Unterschied dazu auch die gesamte Einheit aus einem Gewölbefeld des Mittelschiffs mit den derselben Querachse zugehörigen Seitenschiffsjochen, der dazugehörigen Stützen und gegebenenfalls dem zugehörigen äußeren Strebewerk.
Kämpfer	Steinlage am Ansatz des Bogens oder des Gewölbes, gegebenenfalls über dem Kapitell
Kannelierung	Rillen im Säulenschaft
Kapitell	der obere, oft reich und charakteristisch geformte Teil der Säule
Krabbe	gotisches Zierelement in Form gekrümmter Blätter
Kreuzgewölbe	rechtwinklige Durchdringung zweier Gewölbetonnen. Beim Kreuzrippengewölbe werden erst die Gewölberippen erstellt, danach die Wölbflächen
Kuppel	dient der Überwölbung runder, quadratischer oder polygonaler Räume. Sie sind entweder völlig geschlossen oder im Scheitel von einer kreisrunden Öffnung, dem Auge, durchbrochen oder sie trägt über der Scheitelöffnung ein von Fenstern durchbrochenes Türmchen, die Laterne
Laibung	schmale, der Mauernische entsprechende Umfassung der Fensteröffnung, meist rechtwinklig zur Außenmauer und im Unterschied zum „Gewände" einfach in der Gestaltung
Langhaus	Bezeichnung für den Hauptraum der Kirche, der die Längsausdehnung des Bauwerks angibt (ohne Chor und Apsis)
Laterne	Turm oder Kuppelaufsatz in Form einer monumentalen Laterne
Lichtgaden	Fensterwand im Mittelschiff der Basilika über den Säulen- oder Fensterreihen
Lisene	senkrechter, leicht vorstehender Streifen an Wand oder Säule, ohne konstruktive Bedeutung, ohne Basis und Kapitell

Maßwerk	gotische Schmuckform, besonders als Füllung im Bogenzwickel der Fenster, eine Verbindung von abstrakten geometrischen Figuren, wie Kreisen, Pass, Drei- oder Vierblättern
Mittelschiff	das Hauptschiff der Basilika oder der mehrschiffigen Hallenkirche
Netzgewölbe	in der Spätgotik entstandene Gewölbebauweise mit vielen netzförmig sich kreuzenden Rippen
Obergaden	oberen Teil der Mittelschiffswand, enthält die Fenster
Oculus	Rundfenster
Pilaster	flacher Wandpfeiler mit Kapitell und Basis
Plinthe	Fußplatte einer Säule, eines Pfeilers oder einer Statue
Polygon	Vieleck
Prospekt	ist die künstlerisch gestaltete Schauseite der Orgel
Pseudobasilika	Hallenkirche mit hohem Mittelschiff
Pass	eine aus Dreiviertelkreisen zwischen „Nasen" zusammengesetzte kreisförmige geometrische Figur, besonders im Maßwerk häufig
Pfeiler	Mauerstütze zwischen Öffnungen, mit quadratischem, achteckigem oder rundem Querschnitt. Rundpfeiler hat keine Verjüngung nach oben (im Gegensatz zur Säule)
Relief	aus einer Fläche (Holz, Stein oder ähnlich) erhaben herausgearbeitetes oder in sie vertieftes Bildwerk
Rippe	Diagonal-, Schild- und Gurtrippen, plastisch vorstehender Gewölbebogen
Säule	im Steinbau ein tragendes Architekturteil mit rundem Querschnitt, nach oben verjüngt; gelegentlich als Monolith
Scheidbogen	der Bogen, der die Scheidmauern trägt. Scheidet das Mittelschiffsjoch in der Basilika vom Joch des Seitenschiffs
Schildbogen	in die Wand eingemauerter Bogen eines auf die Wand zulaufenden Gewölbes
Schlussstein	Formal ausgebildeter Schnittpunkt der Rippen; konischer Stein im Scheitel des Bogens
Seitenschiff	zum Hauptschiff (Langhaus) parallel laufender Kirchenraum, durch Säulen oder Pfeiler von ihm getrennt
Sohlbank	unterer, waagerechter Teil des Fenstergewändes
Stabwerk	das gerade Maßwerk gotische Fenster

Stichkappen	kleine, in größeres Gewölbe einschneidende Wölbungen
Strebebogen	Strebepfeiler, Mauerbogen zur Ableitung bzw. Pfeiler zum Aufnehmen des Gewölbedrucks
Sturz	die obere waagerechte Abschluss über Tür oder Fenster
Stützenwechsel	regelmäßiger Wechsel von Pfeiler und Säule in einer Säulenreihe
Tonnengewölbe	halbzylindrische Wölbung über einem länglich viereckigen Baukörper
Triptychon	Bezeichnung für eine dreigeteilte Ikone, die aus einen Mittelstück und zwei Flügeln besteht
Triumphbogen	weit gespannter Bogen, der in der Kirche entweder die Apsis oder das Querschiff von dem Raum der Laien trennt
Tympanon	Bogenfeld über einem Eingang, begrenzt durch den Bogen und den Türsturz
Vierung	der Raum, den Langhaus und Querschiff der Kirche durch ihre Durchdringung gemeinsam haben; begrenzt durch die Führungspfeiler und Vierungsbogen
Vierungsturm	der in der Romantik und in der Gotik oft gebaute Turm über der Vierung
Vorlage	der Wand zur Verstärkung und Gliederung, aufliegenden Pilaster, Dienst usw.
Wimperg	gotische Zierform, giebelartige Bekrönung
Zwerchhaus	giebelartig ausgebildete Dachfenster, Gaube (Zwerch = quer, zum First nämlich)

14.2 Zu Gewölben

Gewölbe	Mauerkörper, die aus einzelnen sich keilförmig zwischen zwei feste Widerlager verspannenden Steinen zusammengesetzt sind und zu Überdeckung von Räumen dienen.
	Im großen Maßstab wurde der Gewölbebau von den Römern entwickelt.
	Überwiegend an den Kirchenbau gebunden, spielt das Gewölbe seit dem zwölften Jahrhundert sowohl konstruktiv wie ästhetisch eine entscheidende Rolle in der europäischen Baukunst. Die wichtigsten Gewölbearten sind:
Tonnengewölbe	den Durchschnitt bildet meistens ein Halbkreis oder Kreissegment oder der Spitzbogen. Zur Entlastung der

	Widerlagermauern werden lange weite Tonnengewölbe zwischen Gurtbogen gespannt, die eine Jocheinteilung ergeben (zum Beispiel bei Kirchenmittelschiffen)
Kreuzgewölbe	1. Gratgewölbe: es wird aus der Durchdringung zweier Tonnen gleichen Querschnitts gebildet und überträgt die Last ausschließlich auf die vier Endpunkte der als Grate bezeichneten diagonalen Durchdringungskurven. Die dazwischenliegenden Teilstücke heißen Kappen.

Schon in der römischen Zeit bekannt und im Frühmittelalter zur Eindeckung kleiner Raumabschnitte benutzt, tritt es in der abendländischen Baukunst zur Einwölbung des Mittelschiffs an der Kirche erstmals nach 1080 im Speyerer Dom auf.

2. Rippengewölbe: im elften Jahrhundert sind die Rippen dem Gratgewölbe nur unterlegt zur Fortführung des durch Dienste gegliederten Wandsystems. Erst in der Gotik werden sie zum tragenden Bauglied, zum Auflager für die nachträglich eingespannten Kappen, die sehr dünn sein können.

Sterngewölbe	Eine aus dem Kreuzrippengewölbe entwickelte spätgotische Form, bei der die Rippen sternförmige Figuren bilden. Reich vertreten auch in deutschen spätgotischen Hallenkirchen.
Netzgewölbe	Spätgotische Gewölbeform, bei der die Rippen die Gewölbedecke wie mit einem Netz überspinnen (und die Jocheinteilung verschwinden lassen).
Klostergewölbe	über quadratischem Grundriss bestehend aus vier Wangenstücken des Tonnengewölbes und bildet sich ähnlich wie das Kreuzgewölbe aus der Durchdringung zweier Tonnen, doch wird der Schub auf die Wände abgeleitet.
Muldengewölbe	ein Klostergewölbe über rechteckigem Grundriss (kann auch als Tonnengewölbe betrachtet werden), dessen Schmalseite durch je ein Wangenstück eines Tonnengewölbes geschlossen sind.
Spiegelgewölbe	Variante eines Kreuzgewölbes, wobei der Abschluss des Gewölbes anstelle der kreuzförmig zulaufenden Rippen durch eine Spiegel genannte flache Decke ersetzt wird.

14.3 Zur Ausstattung allgemein (alphabetisch)

Altar

besteht aus Altarplatte (Mensa) und hat Tisch oder Blockform. Künstlerische Ausstattung trägt der Altaraufsatz (rentabel). Die Gotik entwickelt den Flügelaltar mit Altarschrein aus Holz oder Stein mit angesetzten Holzflügeln

Epitaph

Erinnerungsmal für einen Verstorbenen (nicht Grabmal) an der Kirchenwand oder am Kirchenpfeiler

Fassung

ist die Bemalung und Vergoldung eines Holzbildwerks durch den Fassmaler

Prospekt

ist die künstlerisch gestaltete Schauseite der Orgel

Relief

aus einer Fläche (Holz, Stein oder ähnlich) erhaben herausgearbeitetes oder in sie vertieftes Bildwerk

Triptychon

Bezeichnung für eine dreigeteilte Ikone, die aus einen Mittelstück und zwei Flügeln besteht

Triumphbogen

weit gespannter Bogen, der in der Kirche entweder die Apsis oder das Querschiff von dem Raum der Laien trennt

Triumphkreuz

Kruzifix am Triumphbogen oder auf einem Querbalken darunter

15 Anhang

15.1 Bauzeichnungen Hopp & Jäger

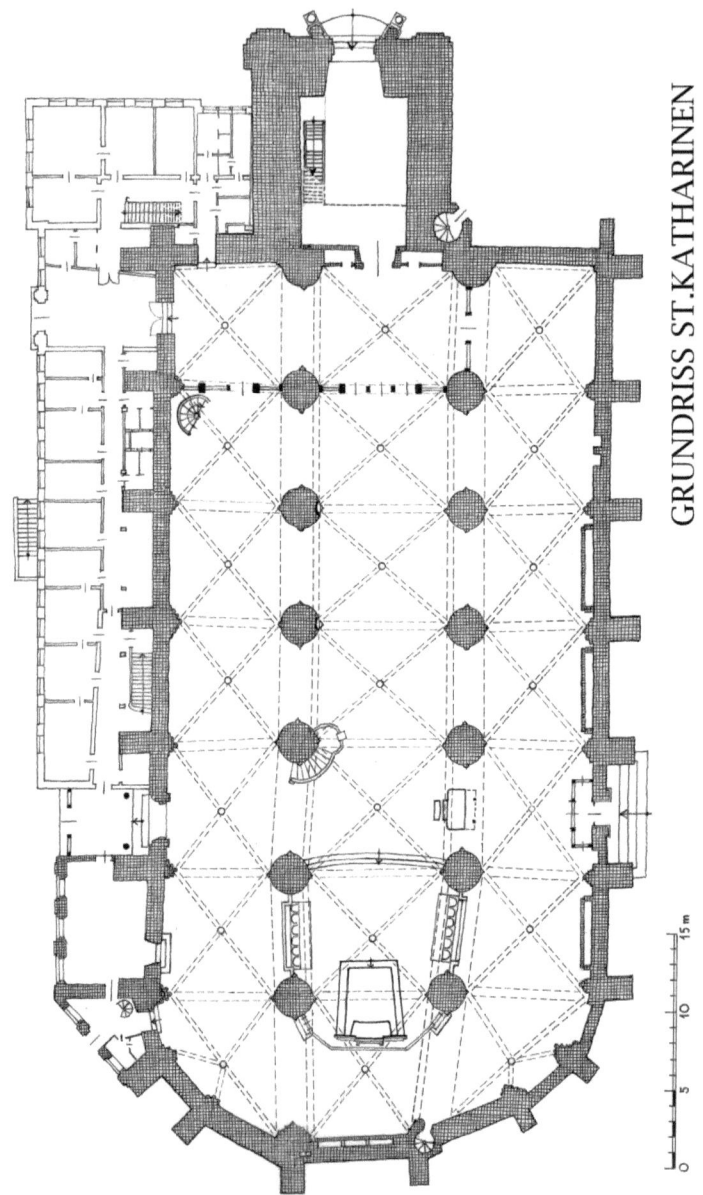

GRUNDRISS ST.KATHARINEN

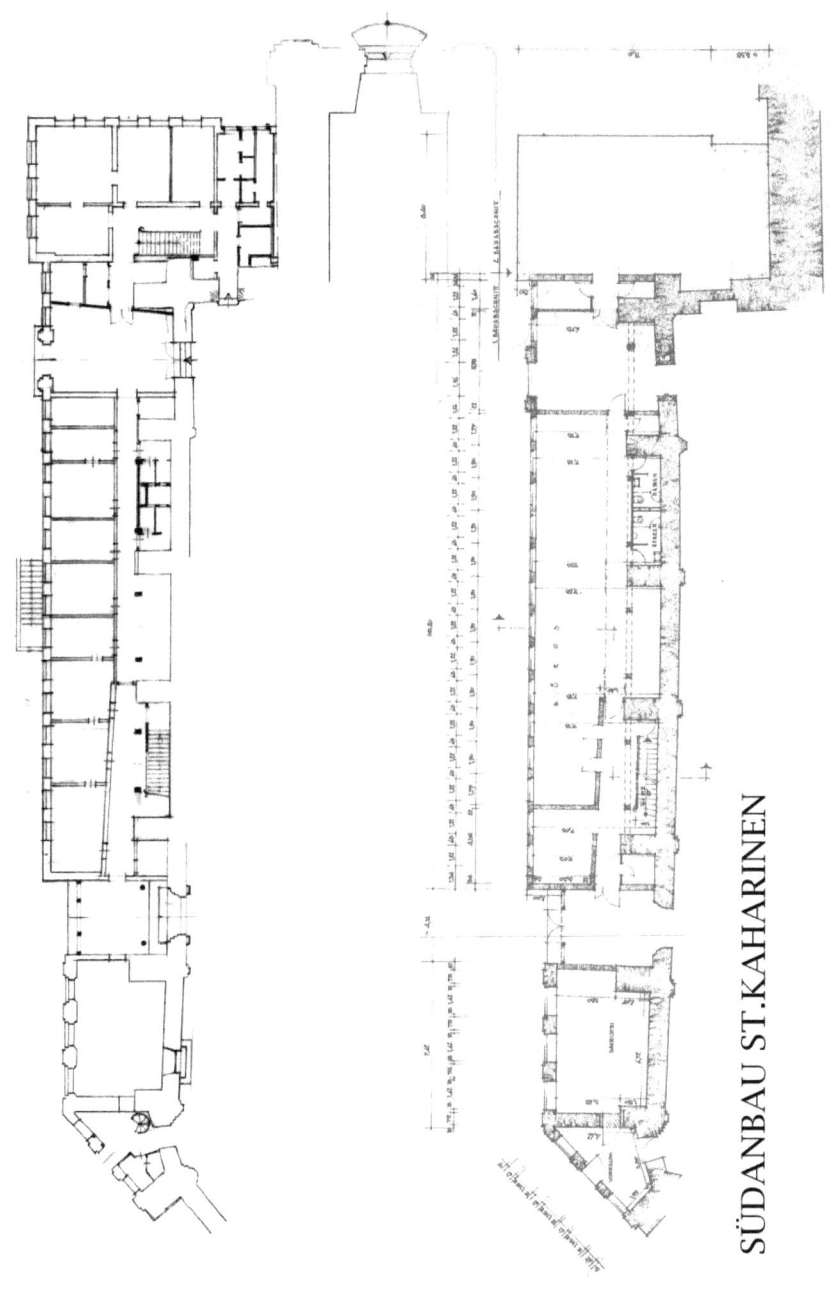

SÜDANBAU ST.KAHARINEN

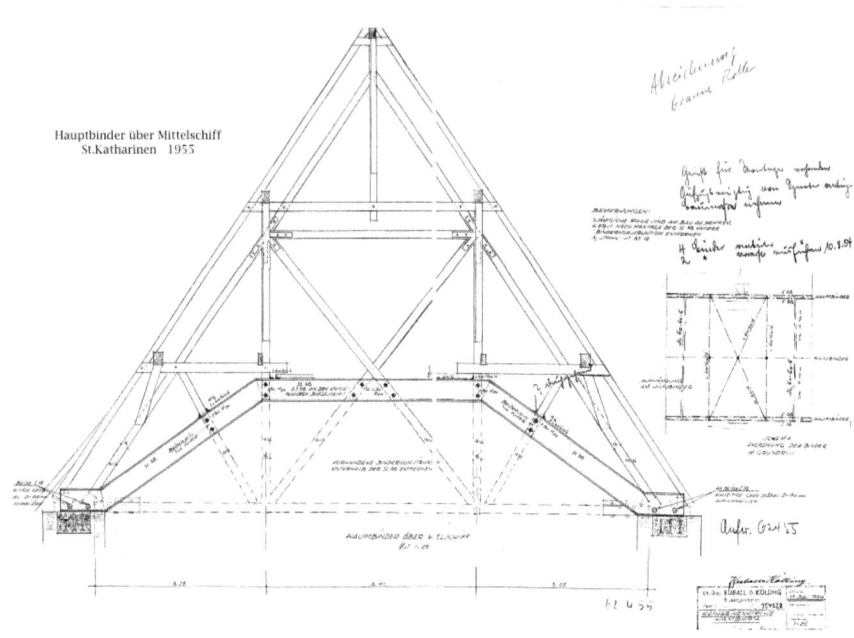

Hauptbinder über Mittelschiff
St.Katharinen 1955

ST. KATHARINENKIRCHE

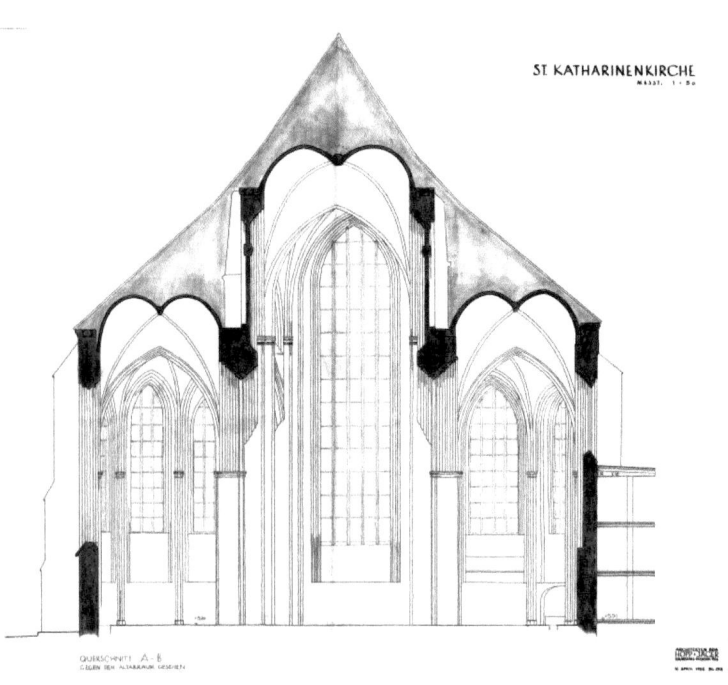

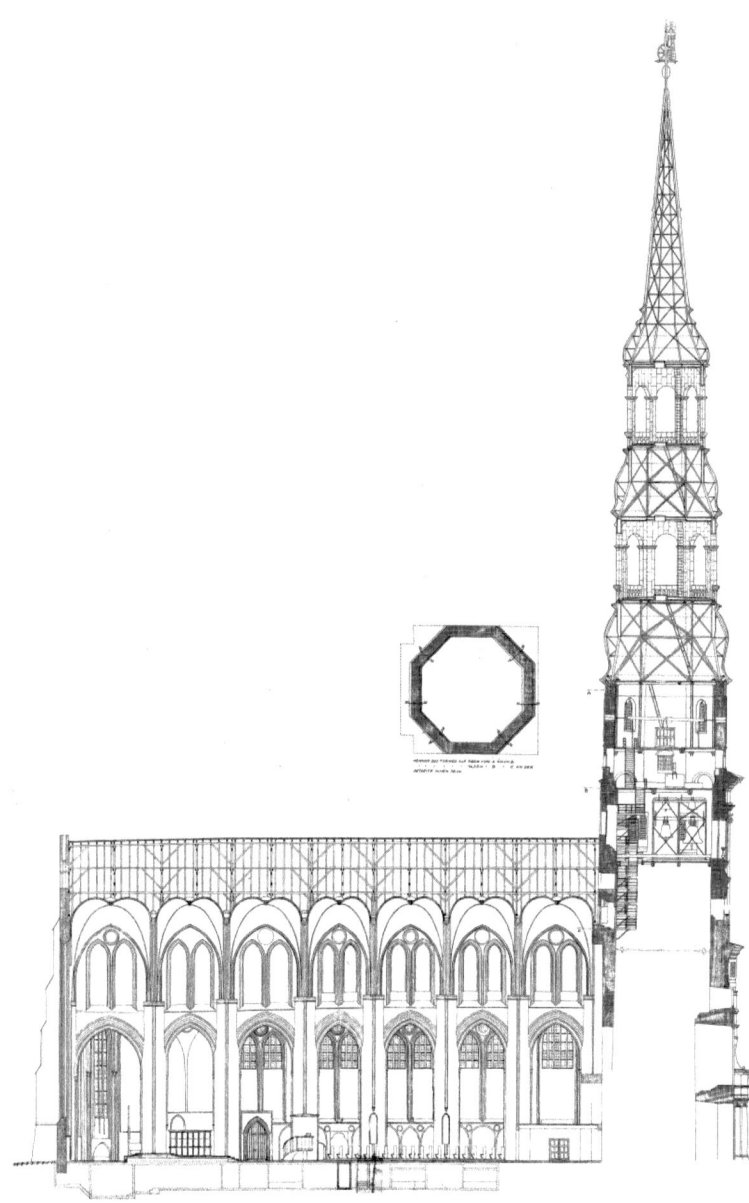

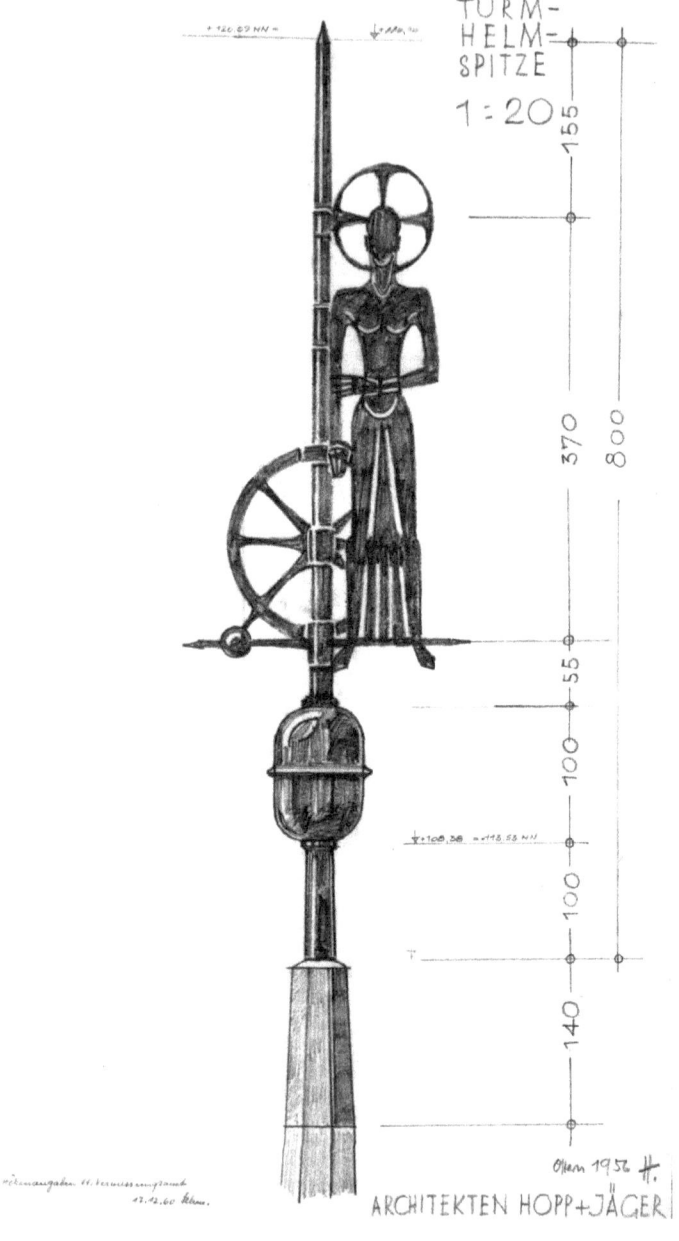

ST. CATHARINEN
HAMBURG

TURM-
HELM-
SPITZE

1:20

155

370   800

55

100

100

140

Often 1956

ARCHITEKTEN HOPP+JÄGER

130

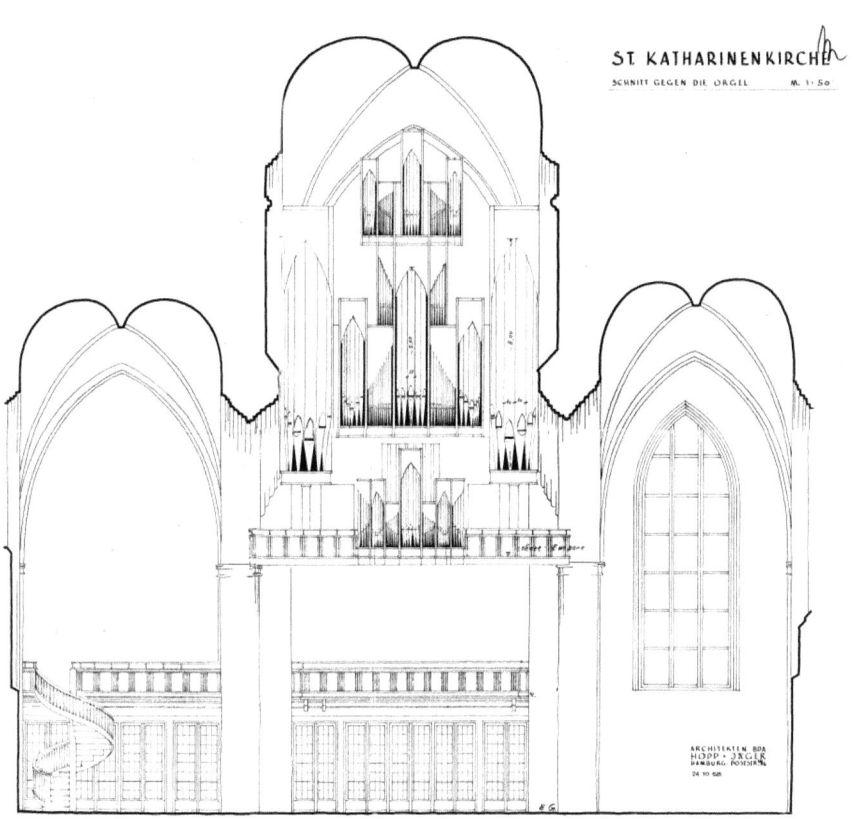

ST. KATHARINENKIRCHE

SCHNITT GEGEN DIE ORGEL   M. 1:50

ARCHITEKTEN BDA
HOPP · JÆGER
HAMBURG · POTSDAMER
24.10.68

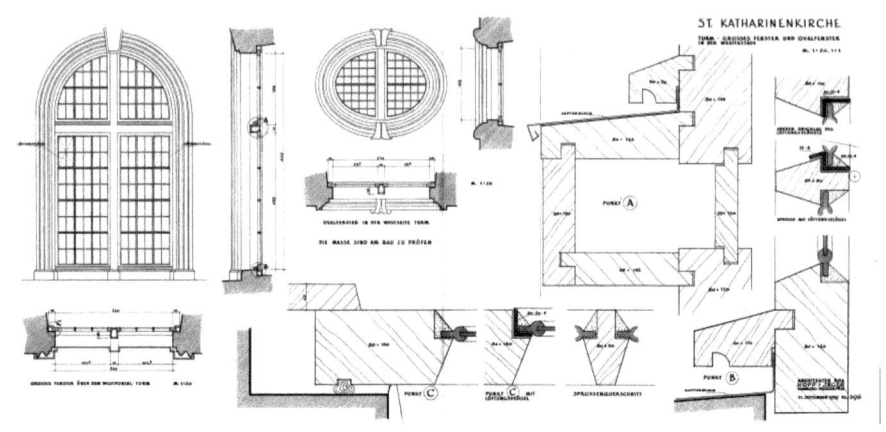

ST. KATHARINENKIRCHE

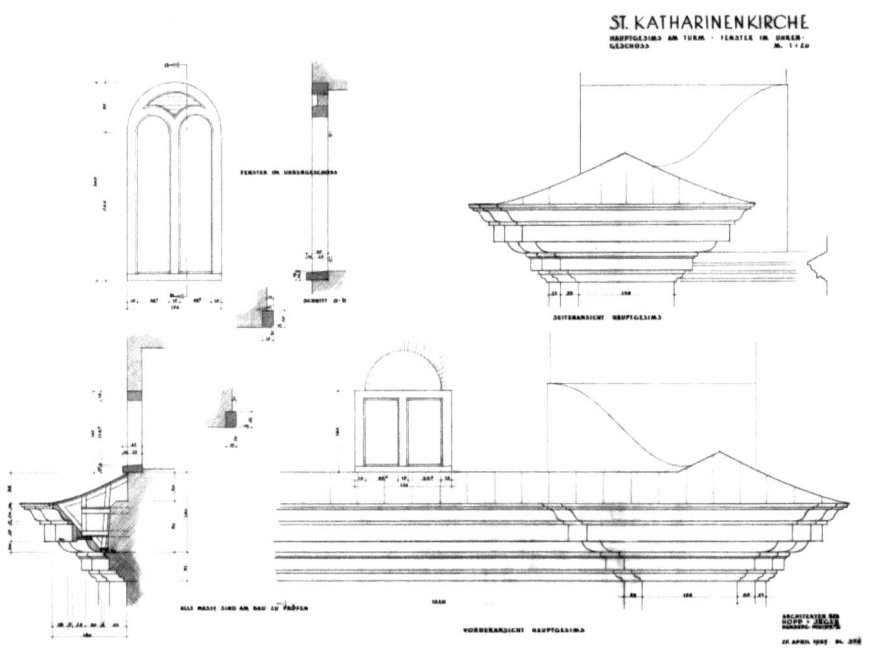

ST. KATHARINENKIRCHE

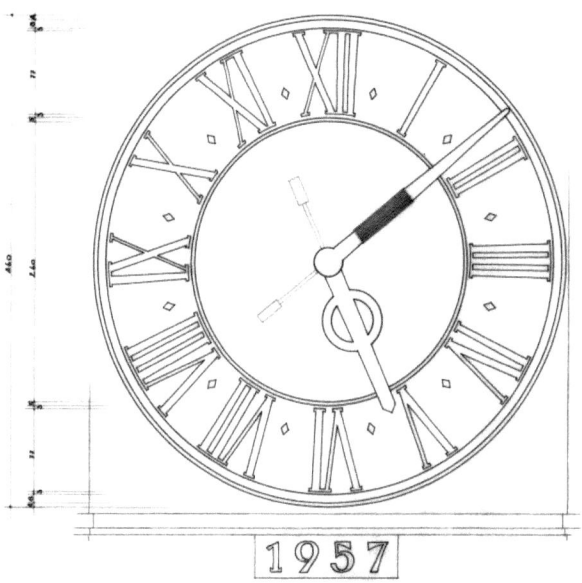

1957

ARCHITEKTEN BDA
HOPP + JÆGER
HAMBURG · POSSMER

18. APRIL 1957 BL. 573

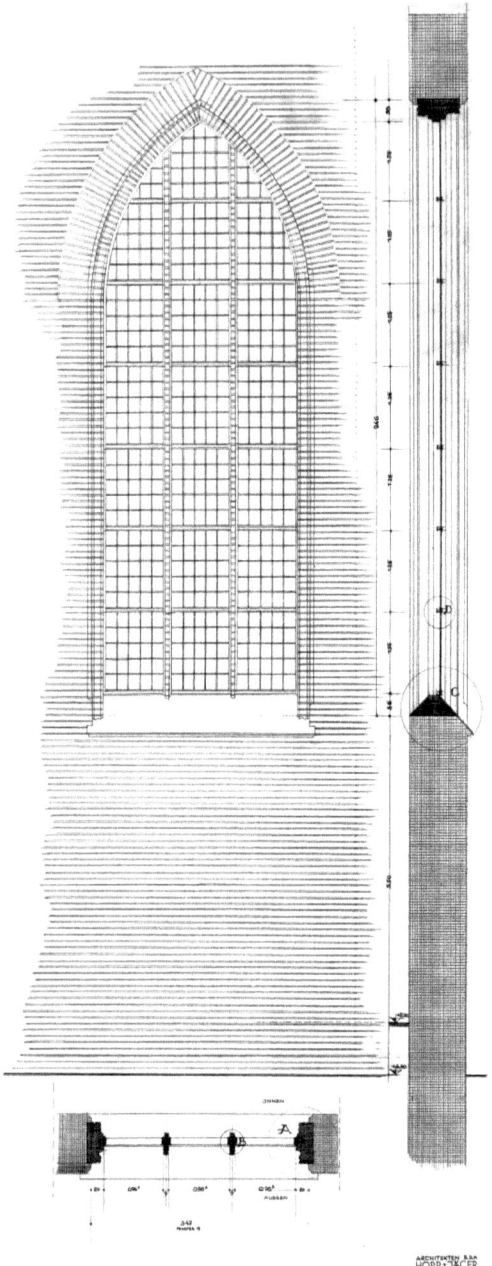

St. Katharinen-Kirche,
in Hamburg-Süden
Altar 1:100 Perspektive

Architekt:
Hopp · Jäger ·
Hamburg, 7.6.1951

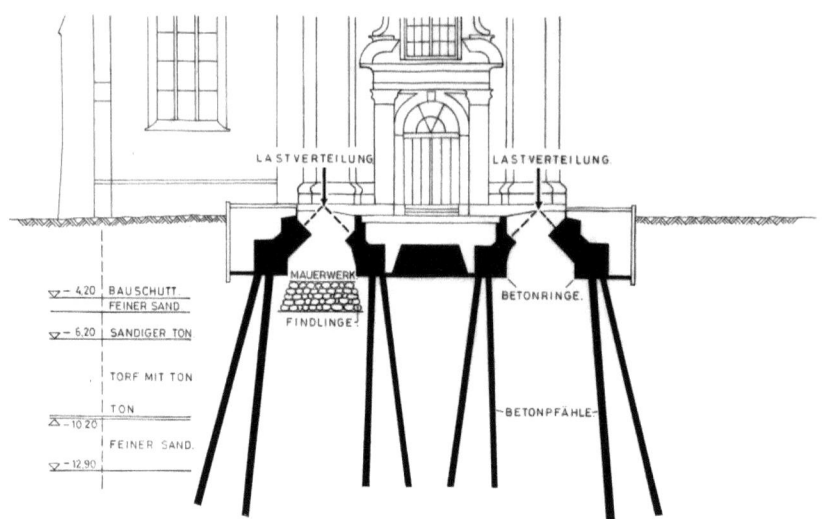

LASTVERTEILUNG   LASTVERTEILUNG.

▽ - 4,20 | BAUSCHUTT.
         | FEINER SAND

MAUERWERK   BETONRINGE.

▽ - 6,20 | SANDIGER TON

FINDLINGE.

| TORF MIT TON

| TON

△ - 10.20

| FEINER SAND.   BETONPFÄHLE.

▽ - 12.90

St. Katharinen-Kirche, Hamburg
Turm: Fundament, Schnitt, Betonringe, Betonpfähle. M. 1:100, 14.10.1980

Bauabteilung.

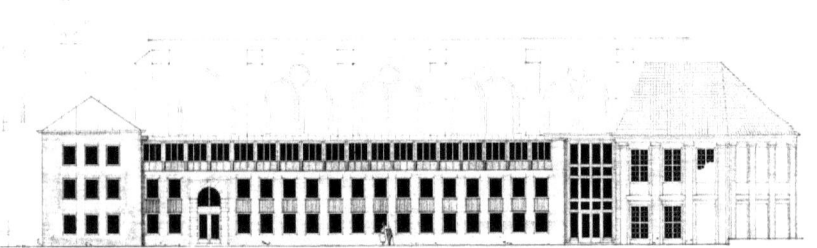

HAUPTKIRCHE ST·KATHARINEN
ZERSTÖRT IM KRIEGE 1943
WIEDERHERSTELLUNG 1945–1957

BLATT 1a
WESTANSICHT

M: 1:100

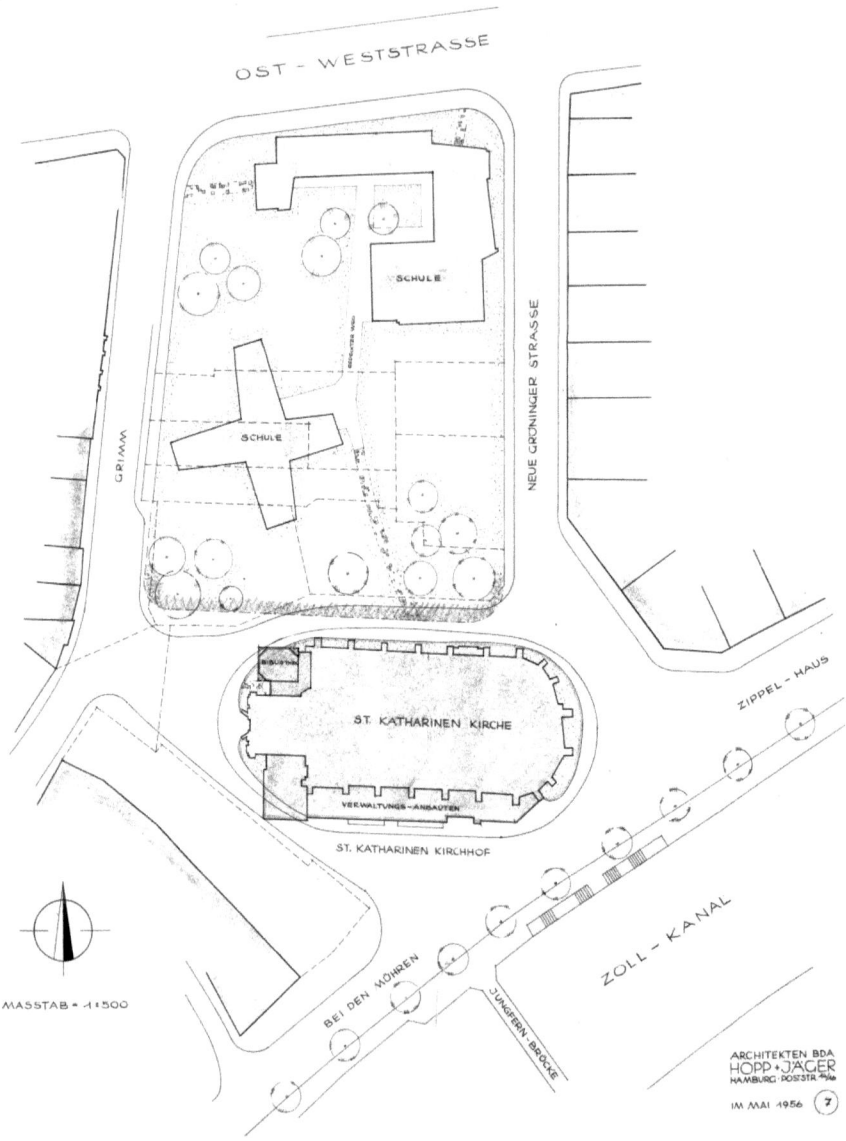

OST - WESTSTRASSE

SCHULE

SCHULE

GRIMM

NEUE GRÖNINGER STRASSE

ZIPPEL - HAUS

ST. KATHARINEN KIRCHE

VERWALTUNGS - ANBAUTEN

ST. KATHARINEN KIRCHHOF

ZOLL - KANAL

BEI DEN MÖHREN

JUNGFERN - BRÜCKE

MASSTAB = 1:500

ARCHITEKTEN BDA
HOPP + JÄGER
HAMBURG · POSTSTR. 44/46

IM MAI 1956 (7)

2

Baugeschichtliche Daten

~~Verwendete~~ Quellen und Literatur

Bernhard Hopp , Berichte und chronologische Aufstellungen
Kirchengemeinde St. Katharinen, baugeschichtliche Angaben
Kirchenkalender
Arch. Julius Faulwasser , Die St. Katharinen-Kirche
Renata Klée Gobert / Peter Wiek , Die Hauptkirchen Hamburg 1968
Architekten Bernhard Hopp, Dipl Ing Rudolf Jäger, ~~und~~ sowie
Verfasser Aufzeichnungen des Verfassers

In Einzelfällen weichen die baugeschichtlichen ~~Daten~~ Jahreszahlen
in den genannten Quellen voneinander ab, wie sich durch Baubefunde an der Ruine nach 1945 herausstellte. Weitere Korrekturen
durch spätere Befunde oder Erkenntnisse sind nicht auszuschließen.

Die Gründung der Katharinenkirche erfolgte nach übereinstimmenden
Forschungsergebnissen im mittleren 13. Jahrhundert.
Danach sind Nachrichten über die Kirche nur spärlich.
1350 wird erstmalig der Turm der Kirche ~~genannt~~ erwähnt. Über Lage,
Gestehung und Gestaltung dieser Kirche gibt es bisher unter-
schiedliche Angaben.
Das gilt auch für den Baubeginn des heutigen Kirchenschiffes.
Schriftlich bezeugt ist die Bautätigkeit seit dem späten 14. Jh.
und in der ersten Hälfte des 15. Jhs. Am 25. November
1426 wurde die Kirche eingeweiht.
Die bisherige Annahme, daß am 22.2.1433 der Grundstein für
die Kirche gelegt wurde, kann nach dem Baubefund an der
Kirchenruine wahrscheinlich nicht aufrecht erhalten werden.
Nach 1433 erfolgt die Aufmauerung des Turmes, der zunächst
nur bis zur Firsthöhe ausgeführt wird.

Trümmerbeseitigung und erste Wiederaufbaumaßnahmen.

Trümmer beherrschten etwa 10 Jahre lang das Bild und das Leben in unserer Stadt. Trümmer mußten nach jedem Bombenangriff wieder beiseitegeschafft werden, Trümmersteine wurden für die Instandsetzung beschädigter Häuser benötigt.

Nach der Kapitulation verfügte die Militär-Regierung sofort nach dem Einmarsch die Wiederherstellung der öffentlichen Beleuchtung, die Räumung wichtiger Plätze und Straßen von Schutt und im Oktober 45 wurde die Instandsetzungsaktion für den Wohnungsbau eingeleitet, mit dem Ziel, möglichst vielen Menschen ein wetterfestes Obdach zu geben. Allmählich kamen die Grundstücksräumungen in Gang, ebenfalls die Bergung wichtiger Baustoffe, wie Ziegelsteine, Baueisen, Fenster und Türen, auch Heizkessel und Heizkörper. Selbständige Aufräumungsfirmen führten nun diese Arbeiten durch.

Die Räumung erfolgte nach einem Dringlichkeitsplan, aber die Aufräumungsarbeit hatte ständig unter Benzinmangel und Mangel an Arbeitskräften zu leiden.

Aber, wohin mit dem Schutt?

Die Aufräumung begann in der Innenstadt. Der Schutt wird in die Binnenalster geschüttet zur Verbreiterung des damaligen Alsterdammes ~~jetzt Ballindamm~~, eine Maßnahme, die vielen Hamburgern ein Dorn im Auge war, wie auch die Umbenennung der Straße in Ballindamm.

Der Wiederaufbau

Als die Finanzierung der ersten Aufbauarbeiten ~~gesichert war,~~ ~~aber~~ für die Hauptkirchen gesichert war, erteilte das Landeskirchenamt Hamburg ~~den Auftrag~~ dem Architekten Gerhard Langmaak den Auftrag für die Wiederherstellungsarbeiten an der St. Michaeliskirche und für die Sicherungs-maßnahmen zur Erhaltung des Turmes der neugotischen St. Nikolaikirche.

Der Wiederaufbau der mittelalterlichen Kirchen St. Katharinen und St. Jakobi, sowie die Restaurierungsarbeiten an St. Petri wurde den Architekten Bernhard Hopp und Dipl. Ing. Rudolf Jäger anvertraut.

Die Architektengemeinschaft Bernhard Hopp und Dipl. Ing. Rudolf Jäger wurde 1935 gegründet und 1937 wurde Verfasser der erster Mitarbeiter, und nach dem Kriege als Bauleiter zur Durchführung der Aufbauarbeiten an den drei genannten Haupt-kirchen eingesetzt.

Die Anbauten an der Südseite der Kirche

Während der feindlichen Fliegerangriffe im Juli 1943 wurde nicht nur die Kirche der Katharinengemeinde zerstört, sondern im Feuersturm auch die schönen Pastoren- häuser an der Südwestseite der Kirche und die Anbauten an der Südseite. Das neugotische Schulgebäude und der barocke Sakristeianbau brannten aus.

Das Schulgebäude war 1829/31 errichtet worden (Architekt ~~Reichort~~ H.W. Burmester, Maurermeister W.C. Reichardt). Durch Beschluß des Kollegiums von 1887 wurde der Schul- betrieb hier eingestellt und die Räume zu Wohnungen umgebaut. Der Barockanbau (Baumeister ~~Joh.~~ Kopp) mit der unteren Sakristei und dem Kirchensaal im Ober- geschoß wurde 1791/92 errichtet. Die Fassade blieb bis 1943 unverändert erhalten.

Anfang des Jahres 1951 hatte die Hamburgische Kirche als eine der ersten Landeskirchen in Deutschland, die beiden großen Zweige christlicher Liebestätigkeit, die Innere Mission und das aus der Not der Nachkriegszeit erwachsene Evangelische Hilfswerk organisatorisch zusammengefaßt. Seitdem arbeitet das landeskirchliche Amt für Gemeindedienst als Hamburger Diakonisches Zentrum. Es galt nun, für dieses Gemeindeamt eine Arbeitsstätte unter einem gemeinsamen Dach zu schaffen. Im März 1952 teilte Oberkirchenrat Herntrich dem Architekten Bernhard Hopp in einem persönlichen Gespräch mit, daß die Südhäuser an der Katharinenkirche für das Amt ausgebaut werden sollten. Die ersten Baumittel standen zur Verfügung.

15.3 **Festlichkeiten**

DER KIRCHENVORSTAND DER HAUPTKIRCHE ST. KATHARINEN

gibt sich die Ehre

Herrn Heinfath

zu der am Sonnabend, dem 4. August 1951, vormittags 11,30 Uhr
stattfindenden

RICHTFEIER DER HAUPTKIRCHE

herzlich einzuladen.

Gleichzeitig weisen wir Sie darauf hin, daß am Sonntag, dem 5. August, vormittags 10 Uhr, aus Anlaß des Richtfestes in der Ruine ein festlicher Gottesdienst
stattfindet, bei dem Hauptpastor D. Herntrich die Predigt halten wird.

b. w.

LANDESKIRCHLICHES AMT FÜR GEMEINDEDIENST
Innere Mission/Hilfswerk

Hamburg 11,den 5.Januar 1953
Trostbrücke 4/VI

Sehr verehrter Herr Steinfath !

Im Auftrage des Herrn Hauptpastors von St. Katharinen ,
D.Dr. Herntrich , möchte ich Sie herzlich zur Feier des
Richtfestes des neuen Verwaltungsgebäudes unseres Landes -
kirchlichen Amtes für Gemeindedienst (Innere Mission/
Hilfswerk) an der Katharinenkirche einladen . Die Richt -
feier findet am

Montag , den 12. Januar 1953, 14oo Uhr,
am Neubau (Südanbau Katharinenkirche) statt.

Wir würden uns sehr freuen , wenn Sie im Anschluss
an die Feier auch an unserem einfachen Richtschmaus im
Restaurant Dovenhof (Inhaber Grebe) Ecke Brandstwiete -
Hüxter teilnehmen würden .

Mit freundlicher Begrüssung !

[Unterschrift]

(U.A.w. gebeten an Tel. 33 29 51, Frl. Reichardt)

144

LANDESKIRCHLICHES AMT FÜR GEMEINDEDIENST
INNERE MISSION / HILFSWERK

Abt.:   Tagebuch-Nr. _____
(Bei Beantwortung bitte angeben!)

Hamburg 11, den 4. Dezember 1954
Katharinenkirchhof
Fernruf: 33 29 51 - 53 / 33 34 77

Herrn

Architekt S t e i n f a t h

in Fa. Hopp & Jäger

H a m b u r g   36

Poststr. 14/16

Sehr geehrter Herr Steinfath !

      Im Auftrage des Herrn Hauptpastor von St. Katharinen,
D.Dr. Herntrich, möchte ich Sie herzlich zur Feier des
Richtfestes des Turmanbaus unseres Landeskirchlichen Am -
tes für Gemeindedienst (Innere Mission/Hilfswerk) an der
Katharinenkirche einladen.

      Die Richtfeier findet am

          Donnerstag, dem 9. Dezember 1954, 14 Uhr,

am Neubau (Südanbau Katharinenkirche) statt.

      Wir würden uns sehr freuen, wenn Sie im Anschluss
an die Feier auch an unserem einfachen Richtschmaus im
Restaurant Dovenhof (Inhaber Grebe) Ecke Brandstwiete -
Hüxter teilnehmen würden.

                       Mit freundlichem Gruss!

(U.A.w. geteben fernmündlich bis Dienstag, dem 7. Dezember
an Tel. 33 29 51/53, Fräulein Reichardt)

Konten: Vereinsbank Hamburg, Abteilung Mahlenhof / Hamburger Sparcasse von 1827, Kto. Nr. 80/5155 / Postscheck: Hamburg 94 18

Der Kirchenvorstand der Hauptkirchengemeinde St. Katharinen gibt sich die Ehre,

Herrn Architekt Heinrich Steinfath

zur **RICHTFEIER DES TURMES**

der HAUPTKIRCHE ST. KATHARINEN

herzlich einzuladen. Die Feier findet am 11. Juli 1956 nachmittags um 15 Uhr statt. Wir versammeln uns in der Katharinenkirche.

Im Anschluß an diese Feier wird im Raum der Katharinenkirche ein kleiner Imbiß gereicht.

Landesbischof

Hauptpastor an St. Katharinen

Wir bitten um eine kurze Nachricht darüber, ob Sie an dieser Feierstunde teilnehmen können (32 18 31, App. 62)

Richtfeier
des Turmes
der Hauptkirche St. Katharinen
am 11. Juli 1956

....

1 Flasche B i e r

....

10 Zigaretten o d e r
3 Zigarren   o d e r
1 Tafel Schokolade
....

1 Flasche B i e r

....

1/10 1. Flasche Bommerlunder

....

2 Würstchen
mit
Kartoffelsalat

GEISTLICHE ⚓ WOCHE + HAMBURG 1956

ANLÄSSLICH DER EINWEIHUNG DER HAUPTKIRCHE

ST·KATHARINEN

SONNTAG, DEN 4. NOVEMBER 1956 · 17 UHR

Festgottesdienst

Landesbischof D. Dr. Herntrich DD
Hauptpastor an St. Katharinen

MONTAG, DEN 5. NOVEMBER 1956 · 20 UHR

Landesbischof D. Dr. Lilje DD

Reformation als geistige
Gegenwartsentscheidung

DIENSTAG, DEN 6. NOVEMBER 1956 · 20 UHR

Landesbischof D. Dr. Herntrich DD

Toleranz aus Glauben

MITTWOCH, DEN 7. NOVEMBER 1956 · 20 UHR

Geistliche Abendmusik

der Kantorei St. Petri

DONNERSTAG, DEN 8. NOVEMBER 1956 · 20 UHR

Kultusminister Edo Osterloh

Grundsätze der Schul- und
Kulturpolitik in Ost und West

FREITAG, DEN 9. NOVEMBER 1956 · 20 UHR

Bischof D. Dr. Dibelius DD

Die Verantwortung der Christen
in den Kämpfen der Gegenwart

Der Eintritt für alle Veranstaltungen ist frei

ORDNUNG DES GOTTESDIENSTES

anläßlich der
Wiedereinweihung der Hauptkirche St. Katharinen
durch Herrn
LANDESBISCHOF

PROF. D. DR. VOLKMAR HERNTRICH DD

Hauptpastor an St. Katharinen

am 23. Sonntag nach Trinitatis, dem 4. November 1956

DER LANDESBISCHOF

DER EVANGELISCH-LUTHERISCHEN KIRCHE IM HAMBURGISCHEN STAATE

GIBT SICH DIE EHRE,

Herrn Steinfath und Frau Gemahlin

ZUM FESTGOTTESDIENST ANLÄSSLICH DER WIEDEREINWEIHUNG DER

HAUPTKIRCHE St. KATHARINEN

AM SONNTAG, DEM 4. NOVEMBER, DEM 23. SONNTAG NACH TRINITATIS,

VORMITTAGS 10.00 UHR, EINZULADEN.

DIESE EINLADUNG GILT ALS EINTRITTSKARTE. FÜR DEN FALL, DASS SIE NICHT BENÖTIGT WIRD, BITTEN
WIR DIE KARTE ZURÜCKZUSENDEN. UM ANTWORT BIS 25. OKT. WIRD GEBETEN.
FÜR DIE GEISTLICHEN IST GELEGENHEIT ZUM ANLEGEN DES ORNATS IM HERRENSAAL GEGEBEN.

DER KIRCHENVORSTAND DER HAUPTKIRCHE ST. KATHARINEN

gibt sich die Ehre,

Herrn Steinfath und Frau

zu der am 4. Adventssonntag, dem 22. Dezember 1957, um 10.00 Uhr
im Hauptgottesdienst stattfindenden

WEIHE DES TURMES UND DER GLOCKEN VON ST. KATHARINEN

einzuladen.

Landesbischof D. Dr. Volkmar Herntrich
Vorsitzender des Kirchenvorstandes

Liste der einzuladenden Gäste zur Einweihung des Turmes der
Hauptkirche St. Katharine, Hamburg

Oberbaudirektor Hebebrandt) Baudirektor Wrede) Baudirektor Dr. Speckter) Baudirektor Seitz)	Baubehörde Hamburg 36, Stadthausbrücke 17 a
Professor Grundmann) Dr. Gerhardt)	Dankmalschutzamt Hamburg-Altona, Museumstraße
Oberbaurat May	Stadtplanung Mitte Hamburg 36, Stadthausbrücke 17 a
Oberbaurat Haake Oberinspektor Schlüter Herr Huber	Bauprüfabteilung Mitte Hamburg 36,1 *Cityhof* ~~Stadthausbrücke 17 a~~
Herr Maaß	Bauarbeiterschutz ~~Hamburg 36,1~~ *Cityhof* ~~Stadthausbrücke 17 a~~
Herr Wittrock	Bauberufsgenossenschaft Hamburg 36, *Holsten will 8* ~~Stadthausbrücke 17 a~~
Herr Oberinspektor Ahrens	Hochbauamt Dezernat II Hamburg 36 Stadthausbrücke 17 a
Dr. Kuball) Herr Schwarz)	Dr. Ing. Kuball & Kölling Hamburg 11, Admiralitätsstr. 1
Direktor Maul) Oberingenieur Stoll) Herr Brand, Betriebs- und) Montageleiter Herr Ahrens)	Firma Carl Spaeter Hamburg 33 Saarlandstraße 2 - 3o
Herr Thon	Firma Mannesmann Hamburg 36 Alsterglacis 1o
Herr Paul Hammers sen.) Herr Paul Hammers jr.) Herr Gerd Hammers) Bauführer Winter)	Firma Paul Hammers Hamburg 1 Mohlenhof
Herr Hugo Döpking	Hamburg - Bramfeld Haldesdorferstraße 42
Herr Herbert Herford) Frau Hänsch)	Firma Herbert Herford Hamburg 11 Steckelhörn 12

- 2 -

- 2 -

Herr Carl Kopperschmidt	Firma C.W. Kopperschmidt Hamburg 33 Wandsbeker Str. 13
Herr Heinze sen.) Herr Heinze jun.)	Firma W.&G. Schweimler Hamburg 24 Wandsbeker Stieg 65
Herr Schultz) Herr Pfrommer) Herr Igel)	Firma D.H.W. Schultz & Sohn Hamburg - Altona Gr. Brunnenstraße 127
Herr Bäucke	Firma Karl Schweckendieck Hamburg 1 Hühnerposten 3 - 4
Herr Gustav Timm	Firma Gustav Timm Hamburg - Lokstedt Sorthmannsweg 8
Herr Ulmer	Firma Oskar Ulmer Hamburg - Fuhlsbüttel Fuhlsbüttler Str. 741
Herr Steinfath und Frau Frl. Hüttmann Herr von Appen und Frau	Architekten Hopp und Jäger Hamburg 36 Poststraße 14/16
Herr Oberbaurat Vogt	Landeskirchenrat Bauabteilung Hamburg 1, Bugenhagenstr. 21
Frau Burczak) Herr Rosenkranz und Frau) Frau Becker)	Johannes Burczak Hamburg 22 Holsteinischer Kamp 63/67
Herr Zeyner und Frau	i.Fa. Martin Hinsch Hamburg 28 Billhorner Röhrendamm 86 a
Herr Schilling	Glockengießerei Schilling Heidelberg Alte Bergheimerstr. 9
Herr Stuhr	Hamburg 22, Beimoorstr. 15
Herr Lüden	Hamburg 36, Poststr. 14/16
Herr Zellmann) Herr Beardi)	Hamburg 13 Beim Schlump 58
Böning und Hoser	Hamburg - Harburg Bremerstr. 74

Hamburg, den 16. Dezember 1957
St/Sch

16 Abkürzungen, Archivalien und Indices zu Personen, Orten und Themen

16.1 Abkürzungen

DPA Deutsche Presseagentur
EZA Ev. Zentralarchiv, Berlin
FS Festschrift
H&J Hopp und Jäger
HA Hamburger Abendblatt
HAA Hamburgisches
  Architekturarchiv
HambKZ Hamburger
  Kirchenzeitung
HambKKal Hamburger
  Kirchenkalender
KG Kirchengemeinde
KKA Kirchenkreis-Archiv

KuK Kunst und Kirche
LKA Landeskirchenamt
LKAK Landeskirchliches Archiv
  der Nordkirche, Kiel
Masch maschinenschriftlich
RAD Reichsarbeitsdienst
SB Sammelband
StAHH Staatsarchiv Hamburg
URL Uniform Resource Locator
  [für Internetadressen]
ZVHG Zeitschrift des Vereins für
  Hamburgische Geschichte

16.2 Archivalien

[Festschriften von Kirchengemeinden sind unter KG_... im Literaturverzeichnis mit Jahreszahl aufgeführt]

Bauabteilung des Kirchenkreises Hamburg-Ost:

HAA Hamburgisches Architekturarchiv: Bestand R. Jäger (darin u.a. Fotobestand Walter Lüden), Fotobestand Otto Rheinländer (HAA_ORh...) sowie Becker-Mosbach: „Gesamtverzeichnis (4.5.2010)

Hopp Private Archivalien aus dem Nachlass Hopp (digitalisiert und den Archivalien hinzugefügt. Seitenzählung nach den Digitalisaten in PDF-Dateien) sowie seit Januar 2017 z.T. im HAA (HAA_B_Hopp_A001 bis ...004 aus dem Nachlass Dr. Gisela Hopp; HAA_B_Hopp_A005: Fotoband für Edite Hopp zum 70. Geburtstag 1971 (erstellt von Rudolf Jäger).

Jäger Privates persönliches Archivmaterial zu Rudolf Jäger im Besitz seines Sohne, dem Architekten Dipl.-Ing. Emmerich Jäger

Steinf Privates Archiv des Nachlasses von Heinrich Steinfath im Besitz seines Sohnes, dem Architekten Dipl.-Ing. Heiner Steinfath

16.3 Kurztitel und weiterführende Literatur

Asmussen / Hopp (1932)

Asmussen, Hans / Hopp,Bernhard: Symbol und Form. Gedruckt als Manuskript aus Anlaß der Ausstellung ‚Symbol und Form'. Agentur des Rauhen Hauses Hamburg [o.J.] 1932

Bruhns (2013^2)

Bruhns, Maike: Der neue Rump.- 2. Aufl. Hamburg 2013

Fischer (2000) SB

Fischer, Manfred F.: Denkmalpflege in Hamburg. Idee – Gesetz – Geschichte.- in: Arbeitshefte zur Denkmalpflege in Hamburg 19, Hamburg 2000, S. 57-62

Fischer (2008) SB

Fischer, Manfred F.: Hopp, Bernhard, geb. 28.10.1893 Hamburg, gest. 18.9.1962 ebd.; luth.; Architekt, Maler, Denkmalpfleger.- in: Kopitzsch, Franklin / Brietzke, Dirk (Hrg): Hamburgische Biografie – Personenlexikon Band 1, Hamburg 2008 (zweite Auflage), S. 140-141

Gleßmer / Jäger (2016b)

Gleßmer, Uwe / Jäger, Emmerich: Projektbericht Nr. 1 zum Hopp-und-Jäger-Projekt. (Stand: März 2016).- Books on Demand, Norderstedt 2016

Gleßmer / Jäger / Hopp (2016)

Gleßmer, Uwe / Jäger, Emmerich / Hopp, Manuel: Zur Biografie des Kirchenbaumeisters Bernhard Hopp (1893-1962): Ein Leben als Hamburger Künstler und Architekt Teil 1: Die Zeit bis zum Zweiten Weltkrieg.- [Beitrag zum Hopp-und-Jäger-Projekt Nr. 5].- Books on Demand, Norderstedt 2016

Gleßmer / Jäger (2017)

Gleßmer, Uwe / Jäger, Emmerich: Projektbericht Nr. 2 zum Hopp-und-Jäger-Projekt. (Stand: April 2017).- Books on Demand, Norderstedt 2017

Gretzschel (2013)

Gretzschel, Matthias: Hamburgs Kirchen. Geschichte, Architektur und Angebote. (hrsg. V. Hamburger Abendblatt).- Axel Springer Verlag, Hamburg 2013

Hansen / Lüden (1953)

Hansen, Hans Jürgen; Hamburg – Weltstadt am Strom. Photographische Bearbeitung und Erläuterung von Walter Lüden.- Orbis Verlag Hamburg 1953

Hering / Mager (2008)

Hering, Rainer und Inge Mager (Hrg): Kirchliche Zeitgeschichte (20. Jahrhundert). [Hamburgische Kirchengeschichte in Aufsätzen, Teil 5; AKGH Bd. 26]. Hamburg University Press, Hamburg 2008

Herntrich (1968)

Herntrich, Hans-Volker (Hg.): Volkmar Herntrich (1908-1958). Ein diakonischer Bischof. Hamburg 1968

Hipp (1990^2)

Hipp, Hermann: Freie und Hansestadt Hamburg. Geschichte, Kultur und Stadtbaukunst an Elbe und Alster. DuMont Kunst-Reiseführer, DuMont Buchverlag Köln; 2. Auflage 1990

Hopp (1931) HambKKalend

Hopp, Bernhard: Kirchliche Geräte.- in: Hamburger Kirchen-Kalender 1931, S. 130-135.

Hopp (1932) HambKZ

Hopp, Bernhard: Rezension von „Forschungen zur Kirchengeschichte und zur Kirchlichen Kunst. Prof. Dr. Joh. Ficker … als Festgabe, Leipzig 1931".- HambKZ 9 (1932) S. 38-39

Hopp (1932) SymbForm

Hopp, Bernhard: Begegnung mit dem Symbol.- in: Asmussen, Hans / Hopp, Bernhard: Symbol und Form. Gedruckt als Manuskript aus Anlaß der Ausstellung ‚Symbol und Form'. Agentur des Rauhen Hauses Hamburg [o.J.] 1932, S. 13-21

Hopp (1935) HambKZ

Hopp, Bernhard: Die erneuerte Turmhalle zu St.Jacobi.- HambKZ 12 (1935) S. 174-175

Hopp (1938) KuK

Hopp, Bernhard: Die Gestalt des Altars.- in: Kunst und Kirche Bd. 15,2 (1938) 3-6

Hopp (1942) Masch

Hopp, Bernhard: Denkschrift zum Kirchenbau vom Februar 1942, Abschrift zu E.O.I. 6224/42, EZA, Bestand 7, 5769 (zugleich Rundschreiben des evang. Oberkirchenrates an die evang. Konsistorien vom 27.2.1942)

Hopp (1947) SB

Hopp, Bernhard: Hamburgs Baudenkmäler. Nach dem Stande von 1946; in: Lüth, Erich (Hg.): Neues Hamburg. Teil I: Zeugnisse vom Wiederaufbau der Hansestadt, Hamburg 1947, S.84-93

Hopp (1947) Baurundschau

Hopp, Bernhard: Über denkmalspflegerische Probleme beim Wiederaufbau Hamburgs.- in: Baurundschau Jg. 37; H. 19/24 S. 115-131

Jäger (1933) NiederdZ

Jäger, Rudolf: Symbol und Form.- in: Niederdeutsche Kirchenzeitung 3. Jg. (1933) Nr. 1 vom 1. Januar 1933 S. 8-9

Jäger (1934)

Jäger; Rudolf: Die Gemeindekirche.- in: Asmussen, Hans / Collatz, Fritz / Jäger, Rudolf (Hrsg): Die Gemeindekirche. Eine Schriftenreihe. Hans Harder Verlag Altona 1934

Jäger (1973) Masch

Jäger, Rudolf: [Lebenserinnerungen] „Meiner lieben Frau und meinen Kindern".- [maschinenschriftlich, im Privatbesitz der Familie Jäger], 1973

Jäger (2016) Masch

Jäger, Emmerich: Das Haus des Architekten Rudolf Jäger. Dipl.-Ing. Rudolf Jäger (1903-1978) Eine kleine Zusammenstellung mit Geschichten, Zeichnungen und Fotos.- (private Vervielfältigung vom 10.1.2016)

Katharinen (2000)

Das Katharinenbuch.- Hamburg 2000

Klée Gobert (1968)

Klée Gobert, Renata: Die Bau- und Kunstdenkmale der Freien und Hansestadt Hamburg (Hrg. v. Joachim Gerhardt). Bd. III: Innenstadt: die Hauptkirchen St. Petri, St. Katharinen, St. Jacobi.- Christian Wegner Verlag 1968.

Knuth u.a. (1995)

Knuth, Hans / Soeffner, Georg / Nissle, Cornelius / Helms, Thomas: Dächer der Hoffnung. Kirchenbau in Hamburg zwischen 1950 und 1970; Christians Verlag Hamburg, 1995

Kühn / Rohrbeck (1970)

Kühn, Helga-Maria / Rohrbeck, Brigitte: Die Kirchen der Hamburgischen Landeskirche. [hrsg v. Archiv der Landeskirche].- Hamburg 1970

Lange (1994)

Lange, Ralf: Hamburg - Wiederaufbau und Neuplanung 1943 - 1963. (Die blauen Bücher). Königstein im Taunus: Langewiesche, 1994

Lange (2008)

Lange, Ralf: Architektur in Hamburg. Der große Architekturführer. Über 1000 Bauten in Einzeldarstellungen. Junius-Verlag Hamburg 2008

Pantle (2003) Diss

Pantle, Ulrich: Leitbild Reduktion. Beiträge zum Kirchenbau in Deutschland von 1945 bis 1950.- Diss Universität Stuttgart 2003 (eDiss http://elib.uni-stuttgart.de/opus/frontdoor.php?source_opus=1465&la=de)

Schade (2009)

Schade, Herwarth von: Hamburger Pastorinnen und Pastoren seit der Reformation. Ein Verzeichnis.- (Im Auftrag des Kirchenkreisvorstandes des Kirchenkreises Alt-Hamburg in der Nordelbischen Ev.-Luth. Kirche herausgegeben von Gerhard Paasch.) Edition Temmen. Hamburg 2009

Schiller (1961)

Schiller, Gertrud: Hamburgs neue Kirchen 1951 – 1961; Christians Verlag Hamburg, 1961

Soeffner / Knuth / Nissle (1995)

Soeffner, Hans-Georg / Knuth, Hans Christian / Nissle, Cornelius: Dächer der Hoffnung. Kirchenbau in Hamburg zwischen 1950 und 1970.- Chirstians-Verlag 1995

Steinfath (2017)

Heiner Steinfath (Hrg.): Heinrich Steinfath – Die Hauptkirche St. Katharinen – Wiederaufbau nach der Zerstörung 1943.- Books on Demand, Norderstedt 2017

Stolt (2000)

Stolt, Peter: Die St.-Katharinen-Kirche zu Hamburg : ein Blick in die Gemeindegeschichte/ von Peter Stolt und Axel Denecke.- Dt. Kunstverl., München ; Berlin 3. völlig neu bearb. Aufl. 2000

Stolt (2006)

Stolt, Peter: Liberaler Protestantismus in Hamburg – im Spiegel der Hauptkirche St. Katharinen.- [Arbeiten zur Kirchengeschichte Hamburgs Bd. 25]. Verlag Verein für Hamburgische Geschichte, Hamburg 2006

Zimmermann (2014)

Zimmermann, Jan (Hrg): Walter Lüden: Hamburg. Fotos 1947–1965.- Junius Verlag, Hamburg 2014

16.4 **Personen-Index**

16.5 Orts- und Straßennamen

16.6 Themen-Index

17 Beiträge zum Hopp-und-Jäger-Projekt

Im Zusammenhang mit dem Hopp-und-Jäger-Projekt sind die folgenden Texte erschienen, in Vorbereitung oder für die nähere Zukunft geplant:

- Ein Informationsblatt zum Projekt skizziert die zu Beginn im Juli 2014 formulierten Ziele sowie die geplanten Beiträge derjenigen Mitarbeiter, die 2017 in der Projekt-Kooperation Einzelthemen bearbeiten (www.huj-projekt.de/downloads/hopp_u_jaeger-flyer.pdf.)

- Uwe Gleßmer / Alfred Lampe: Kirchgebäude in den Alsterdorfer Anstalten: Die Umgestaltungen der St. Nicolauskirche, Friedrich K. Lensch (1898-1976) und Deutungen des Altar-Wandbildes.- Books on Demand, Norderstedt 2016 [ISBN: 978-3-739212982] [zweite, korrigierte und erweiterte Auflage]

- Uwe Gleßmer / Emmerich Jäger: Zur Entstehungsgeschichte der Gemeinde in Klein Borstel und der Kirche Maria-Magdalenen als Bau- und Kunstwerk der Architekten Hopp und Jäger mit dem Maler Hermann Junker.- Books on Demand, Norderstedt 2016 [ISBN: 978-3-739244167]

- Uwe Gleßmer / Emmerich Jäger: Projektbericht Nr. 1 zum Hopp-und-Jäger-Projekt. (Stand: März 2016) [Beitrag zum Hopp-und-Jäger-Projekt Nr. 3].- Books on Demand, Norderstedt 2016 [ISBN: 978-3-842326897]

- Uwe Gleßmer / Günther Engler: Die Lutherkirche in Hamburg-Wellingsbüttel als Bau- und Kunstwerk der Architekten Bernhard Hopp und Rudolf Jäger . [Beitrag zum Hopp-und-Jäger-Projekt Nr. 4].- Books on Demand, Norderstedt 2016 [ISBN: 978-3-741253713]

    - Uwe Gleßmer: Zur Biografie von Pastor Christian Boeck (1875-1964) Viele Jahre im Dienste der Kirche und der Fehrs-Gilde. [in Zusammenarbeit mit Marianne Ehlers herausgegeben von der Fehrs-Gilde].- Books on Demand, Norderstedt 2016 [ISBN: 978-3-741274527]

- Uwe Gleßmer / Emmerich Jäger / Manuel Hopp: Zur Biografie des Kirchenbaumeisters Bernhard Hopp (1893-1962): Ein Leben als Hamburger Künstler und Architekt Teil 1: Die Zeit bis zum Zweiten Weltkrieg.- [Beitrag zum Hopp-und-Jäger-Projekt Nr. 5].- Books on Demand, Norderstedt 2016 [ISBN: 978-3-738612011]

- Karl-Heinz Hoffmann: Portrait zu Rudolf Jäger (bereits 2013 erschienen unter http://www.architekturarchiv-web.de/portraets/h-k/jaeger/index.html)

- Emmerich Jäger: Das Haus des Architekten Rudolf Jäger (private Vervielfältigung)

    [Diese Ausarbeitung bildet die Grundlage für eine Darstellung zum „Haus Jäger" im Buch von Gert Kähler und Hans Bunge: „Der Architekt als Bauherr. Hamburger Baumeister und ihr Wohnhaus" [Hrsg von; Schriftenreihe des Hamburgischen Architekturarchivs Bd. 34], Dölling und Galitz Hamburg 2016, dort S. 262-263]

- Emmerich Jäger: Erinnerungen an das Architekturbüro Hopp, Jäger, Gries, Dr. Brunzema 1935-1985 (in Arbeit)

- Uwe Gleßmer / Emmerich Jäger: Projektbericht Nr. 2: Fotosammlung zu den Kirchbauten der Hamburger Architekten Hopp und Jäger (Stand April 2017).- [Beitrag zum Hopp-und-Jäger-Projekt Band 6] Books on Demand, Norderstedt 2017 [ISBN 9783744818223]

- Uwe Gleßmer: Der Nachlass der Kunsthistorikerin Dr. Gisela Hopp und das Bild ‚Mühlenbarbeck' von Heinrich Stegemann: das Geburtshaus von J.H. Fehrs und die ‚frühe Fehrs-Propaganda'.-[Beitrag zum Hopp-und-Jäger-Projekt Band 7] Books on Demand, Norderstedt 2017 [ISBN 9783743104259].

- Heiner Steinfath: Die Hauptkirche St. Katharinen – Wiederaufbau nach der Zerstörung 1943.- [Beitrag zum Hopp-und-Jäger-Projekt Band 8] Books on Demand, Norderstedt 2017 [ISBN 9783746000305]

- Jan Lubitz: Über die Architekten Hopp und Jäger im Architekturjahrbuch für Hamburg (geplant 2017)

- Jochen Schröder: Teile des Frühwerks: Fischerkirche/Born, St. Jürgen/List, St. Petri/ Mulsum bei Stade sowie Johanneskirche / Hamm Westfalen (in Arbeit)

- Uwe Gleßmer / Emmerich Jäger / Manuel Hopp: Zur Biografie des Kirchenbaumeisters Bernhard Hopp (1893-1962): Ein Leben als Hamburger Künstler und Architekt Teil 2: Die Zeit ab dem Zweiten Weltkrieg (in Arbeit)

- Uwe Gleßmer / Erika Grünewald / Peter Kröger: Die Kirchen St. Lukas und St. Marien in Hamburg-Fuhlsbüttel und -Ohlsdorf als Bau- und Kunstwerk der Architekten Bernhard Hopp und Rudolf Jäger (in Vorbereitung)

- Uwe Gleßmer / Emmerich Jäger: Zur Biografie des Kirchenbaumeisters Rudolf Jäger (1903-1978) (in Arbeit)

17.1 **Zu den Autoren**

Heinrich Steinfath,

Jahrgang 1912, seit Geburt in Hummelsbüttel ansässig. Schulzeit in Hummelsbüttel und Fuhlsbüttel, Maurerlehre, Ingenieurexamen (1935), Anerkennung als Architekt und Baumeisterprüfung (1957).

Mitglied der Interessengemeinschaft Bauernhaus e. V.

Ab 1937 Mitarbeiter im Architekturbüro Hopp und Jäger in Hamburg. Am Neubau der Kirchen im Alstertal (Welligsbüttel, Fuhlsbüttel, Klein Borstel, Hummelsbüttel) beteiligt und bis 1959 bauleitender Architekt beim Wiederaufbau der Hamburger Hauptkirchen St.Katharinen, St. Jacobi und St. Petri. 1959-1977 Leiter des kircheneigenen Bautrupps der Hamburgischen Landeskirche. Neben Restaurations-arbeiten wurden die 50 eingestürzten Gewölbe der Hamburger Hauptkirchen in mittelalterlicher Bauweise wiedererrichtet.

Während eines Urlaubes im Krieg, begann er mit dem Aufmaß der damals in Hummelsbüttel noch vorhandenen strohgedeckten Häuser und der Grützmühle. Das war der Beginn seines heimatkundlichen Wirkens. Die zerstörte Grützmühle konnte 1962 im Museumsdorf Volksdorf, nach seinem Aufmaßplan originalgetreu wieder aufgebaut werden.

Heinrich Steinfath starb am 1. Dezember 1997

Dipl.-Ing. Heiner Steinfath

(Jahrgang 1945), Sohn des Architekten Heinrich Steinfath (1912-1997) hat als Maurer, Hochbautechniker, Bauingenieur und Architekt gearbeitet.

1975 wurde er von der Ev.Luth. Hamburgischen Landeskirche als Polier des Bautrupps angestellt. Die Zeit zwischen Techniker- und Ingenieurausbildung sollte überbrückt werden. Aus dieser „Überbrückungszeit" wurden 35 Jahre.

Das Studium wurde in Abendform absolviert. Zu seinen Aufgaben gehörte die fachliche Beratung und Betreuung nahezu der Hälfte der 79 Gemeinden des Kirchenkreises Alt-Hamburg, worunter sich die Hauptkirchen St. Nikolai, St. Michaelis und St. Katharinen befanden.

Einige Bauvorhaben, die sich durch besondere technische Schwierigkeiten hervorhoben, seien als Beispiele genannt:

1. Turmreparatur Hauptkirche St. Michaelis, seit 1983 als Bauleiter.

2. Fassadenerneuerung am Turm der Hauptkirche St. Nikolai.

3. Entwurf, Umbau und durchgreifende Instandsetzung eines strohgedeckten Erholungsheimes zu einem Appartementhaus mit 7 Wohnungen in Kampen auf Sylt.

4. Entwurf, Umbau, Einrichtung und durchgreifende Instandsetzung des Verwaltungsgebäudes Danziger Str.15-17 zum Verwaltungszentrum.

5. Belegungs-Planung und Einrichtung des Verwaltungsgebäudes Steindamm 55

6. Betreuung der Kirchensanierung Hauptkirche St. Michaelis bis 2010